H·o·u·s·e·i·n·g

좁은 공간 넓게 활용하는 기분 좋은 수납 IDEA

우리집 수납정리

곤도 노리코 | 최수진 옮김

아카데미북

정리에 서툴렀던 평범한 주부가
어떻게 수납 전문가가 되었을까?

■ 지금까지의 작업을 한 권의 책으로 묶었는데, 그 과정에서 느낀 점은 무엇인가요?

곤도 __ 이 일을 시작한 지 12년이 되었지만 예전과 조금도 달라지지 않았다는 생각이 들었어요. 홍차 병에 작은 후크를 달아 찻숟가락과 세트로 사용할 수 있게 만든 아이디어 (75쪽 참고)는 아직도 활용하고 있답니다.

■ 12년 사이에 '수납'이 대중적인 단어가 되었죠?

곤도 __ 그래요. 하지만 저는 수납이 특기라서 이 일을 시작한 건 아니에요. 오히려 이것저것 정리하는 데 서툰 편이라 항상 수납에 대한 부담을 갖고 있었죠. 친구들을 보면 저보다 훨씬 잘하더라고요. 그러나 저는 아무도 가르쳐 주지 않아서인지 아무리 노력해도 잘 안 되더군요. 그 당시엔 정리에 서툰 제 자신에게 문제가 있다고 생각했어요.

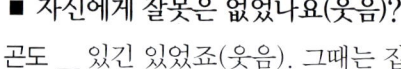

■ 자신에게 잘못은 없었나요(웃음)?

곤도 __ 있긴 있었죠(웃음). 그때는 집 안의 물품을 관리하는 것이 주부의 의무라고 생각하면서도 거기에 거부 반응을 일으켰던 것 같아요.

■ 그런 의식을 변화시켰군요.

곤도 __ 그렇죠. 즐겁게 해 보자고 마음먹었어요. '좋아하지는 않더라도 적어도 싫어하지는 말자'라고요. 지금도 전 귀찮은 걸 싫어하는 편이에요. 더럽고 차갑고 춥고 덥고 힘들고 무거운 건 다 싫어요.

■ 그래도 참아야 하는 게 많죠?

곤도 __ 그걸 가능하면 최대한 줄이려고 노력했죠(웃음). 수납 아이디어도, 청소 기술도 그런 노력에서 나왔어요. 그래서 제 방법은 많이 힘들지 않을 거예요.

■ 깜짝 놀랄 만한 아이디어가 많이 나오는데, 언제 그런 생각이 떠오르세요?

곤도 __ 아이디어가 떠오르는 것은 바로 문제가 발생한 곳이죠. 이웃집에 가면 사용하기가 불편하다는 말을 자주 들어요. 그러면 어떤 부분이 불편한지를 천천히 들어 보죠. 그러다 보면 자연스럽게 어떻게 해야 할지 눈에 보여요. 거기에 그 집의 조건(임대인지 자기 소유인지, 습기와 채광 정도 등)과 가족 구성원을 생각하면 아이디어가 저절로 떠오르죠.

■ 지금까지 방문한 집이 2,100채가 넘는다고 하던데요?

곤도 __ 네. 그중에서 예전에 한번 다루었던 집을 7년이 지나서 다시 취재한 일이 있었는데, 상당한 공부가 되었죠.

■ 어땠는데요?

곤도 __ 7년 전에 정리한 거의 그대로였어요. 그 모습을 보고 처음으로 만점 성적표를 받은 기분이 들었죠.

■ 불편하게 살고 싶은 사람은 없으니까요. 그 집에 맞는 수납 시스템을 만들어 주면 사용한 물건을 다시 제자리에 갖다 놓겠죠.

곤도 __ 맞아요. 어떤 물건이 아무리 좋은 위치에 놓여 있어도 수납이 잘되어 있으면 꺼내기가 쉬워서 다시 또 금방 지저분해지죠. 그래도 금방 치울 수 있기 때문에 안심이라고 하더군요.

■ 그게 바로 '좋은 수납'이군요. 개중에는 빈틈없이 정리해 놓고는 가족에게 될수록 만지지 말고, 사용했으면 제자리에 갖다 놓으라고 강요하는 사람도 있다는데요.

곤도 __ 그건 바람직한 모습이 아니죠. 너무 철저하게 그 상태 그대로 유지할 필요는 없다고 생각해요. 어차피 삶은 멈추는 게 아니니까요.

■ 물건을 잘 관리할 수 있다면 기분이 아주 좋을 것 같은데요. 수납을 잘하게 되는 지름길이 있습니까?

곤도 __ 저는 실패를 거듭하면서 하나하나씩 습득했지만 여러분들은 일일이 실패를 겪으며 멀리 돌아갈 필요가 없습니다. 이 책을 참고로 간단한 것부터 시작한다면 물건 관리에 조금씩 자신감이 생길 거예요. 간편한 청소 방법도 수록되어 있으니까 이것도 참고하시고요. 자, 기분 좋게 생활합시다.

차 례

PART 1 의류 · 소품 수납

PART 2 편리하고 쾌적한 주방

PART 3 생활 용품을 보기 좋게 수납한다

PART 4 친숙한 생활 용품을 수납에 활용하자

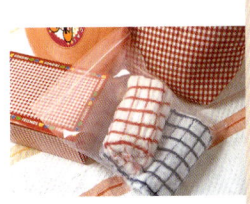

PART 5 돈 들이지 않고 간단히 만드는 수납 도구

PART 6 DIY로 수납을 즐기자

PART 7 집 안 청소 및 손질 방법

수납의 **3** 가지
『 기본 원칙 』

꼭 기억하세요!

수납의 기본 원칙은 딱 3가지다. '어디서 쓸 것인지, 얼마나 쓸 것인지, 누가 쓸 것인지'만 생각하면 수납이 쉬워진다. 제대로 정돈되어 있지 않은 것은 이 원칙을 지키지 않기 때문이다.

원칙 **1**
수납 장소는
사용 장소 옆으로!

원칙 **2**
사용 빈도와 무게에 따라
수납 위치를 정한다!

원칙 **3**
누가 쓸 것인지에 따라
수납 도구를 선택한다!

원칙 1 사용하고 싶을 때 바로 손에 넣을 수 있으면 시간과 노력을 절약할 수 있다

'그 물건을 사용하는 장소 근처에 물건을 수납'하는 것은 기본 중의 기본 이다. 옷을 갈아입는 곳에는 옷을 수납하고, 요리하는 곳에는 조리 도구 를 수납하면 된다. 그리고 거실에서 쓰는 물건은 거실에 수납하면 된다. 아주 간단하다. 그런데 문제는 이런 간단한 원칙이 지켜지지 않는다는 데 있다. 조리대와 찬장이 멀리 떨어져 있는 집도 있고, 다림질을 할 때마다 다른 방에서 도구를 가져오는 집도 있다. 옷과 장신구를 여기저기 수납해 놓고 이 방 저 방 뛰어다니며 외출 준비를 하기도 한다. 그러나 다시 한 번 강조하지만 '수납 장소는 사용 장소 바로 옆'이 가장 좋다. 이것이 지 켜지면 물건을 가지러 가는 시간도 줄어들고, 제자리로 되돌려 놓는 시간 도 짧아진다. 또한 물건을 어디에 두었는지 잊어버렸을 때 나른 곳을 찾 아 보지 않아도 되므로 찾는 시간도 단축된다. 그러므로 비록 수납 공간 이 부족해도 가능하면 수납 도구를 활용하여 그 근처에 놓아두는 것이 좋다.

원칙 2 자주 쓰는 물건일수록 꺼내기 편한 위치에 둔다

평평한 면에 계속해서 물건을 늘어놓는 일은 간단하다. 그러나 공간은 제 한되어 있으므로 평면을 사용하는 방법과 함께 높이도 고려해야 한다. 이 때 기준이 되는 것은 사용 빈도다. 평면에서는 자주 사용하는 것일수록 앞쪽에 수납한다. 높이를 고려할 때는 보통 천장에서 바닥까지 5단계로 나누어 생각해 본다. '팔을 내리고 섰을 때 눈높이에서 손끝까지'가 가장 물건을 꺼내기 쉬운 높이다. 여기에는 자주 사용하는 것을 수납하는 것이 좋다. 그 다음으로 편리한 높이는 '팔을 위로 뻗었을 때 손끝에서 눈높이 까지'와 '내린 손끝에서 무릎까지'다. 여기에는 가끔씩 사용하는 것을 넣 으면 된다. '팔을 위로 뻗었을 때 손끝에서 위쪽'에 이르는 공간에는 별 로 쓰지 않거나 가벼운 물건을, '무릎에서 바닥'에는 사용 빈도가 낮거나 무거운 물건을 수납한다. 특히 같은 종류의 물건은 분산하지 말고 사용 빈도에 맞춰 같은 장소에 수납하는 것이 좋다.

11

원칙 3
사용하는 사람에게 맞는 수납 도구를 선택해야 한다

위의 2가지 원칙을 통해 수납할 곳이 정해지면 이제는 수납에 필요한 도구를 선택해야 한다. 여기서 중요한 것은 '누가 사용할 것인가'이다. 예를 들어 아이가 사용할 물건이라면 아이가 열고 닫을 수 있고, 스티커를 붙여도 되며, 안이 보이는 것이 좋다. 아직 서랍에 물건을 넣을 줄 모르는 아이라면 그물이나 후크 등을 준비하여 물건을 거는 연습을 시키는 것도 좋다.

주부가 사용할 것이라면 집안일을 즐길 수 있는 색과 디자인을 골라 보자. 특히 주의해야 할 것은 노인용 수납 도구를 선택하는 일이다. 노인이 있는 가정에서는 바퀴 달린 도구로 인해 생각지도 못한 상처를 입을 수도 있으므로, 이런 것은 피하는 것이 좋다. 또한 노인들은 악력(握力)이 약하므로 쥐기 쉬운 손잡이가 달려 있는 것을 고른다.

어느 날 갑자기 집 안이 너저분하다고 느껴진다면 이 3가지 원칙에서 벗어나 있지는 않은지 점검해 보자.

당신의 수납 성격은?

물건을 정리하는 방식으로도 성격을 알 수 있다. 우선 무슨 이유로 정돈이 안 되는지 자신의 성격을 먼저 파악한 뒤에 자신에게 맞는 수납 방법을 찾는 것이 중요하다. 아래에서 해당되는 것에 체크해 보자. 가장 많이 체크된 것이 당신의 수납 유형이다.

☐ 가연성과 불가연성 쓰레기를 분류하지 못하고 머뭇거리다가 수거하는 날에 내놓지 못하는 경우가 많다.
☐ 잃어버린 한쪽 귀걸이를 쉽게 처분하지 못하고 소중히 간직한다.
☐ 식탁 위에 신문이나 음식 등 항상 여러 가지 물건이 놓여 있다.
☐ 옷가게의 종이 봉투, 리본, 상자, 병 등을 버리지 못하고 집 안 여기저기 쌓아 둔다.
☐ 남에게 받은 선물은 자신의 취향에 관계없이 모두 기념으로 간직한다.

➡ **A**타입 (14쪽으로)

☐ 현관 바닥은 깨끗하지만 신발장은 어수선하다.
☐ 바쁘더라도 평소처럼 대충 청소해 놓지 않으면 안정이 되지 않는다.
☐ 옷가게의 종이 봉투나 상자를 수납하는 장소가 정해져 있다.
☐ 옷장을 사용하는 대략적인 방법은 정해져 있지만 일용품을 여기저기 쌓아 둔다.
☐ 액세서리를 두는 장소가 정해져 있으나 정리되어 있지 않아 찾는 데 시간이 걸린다.

➡ **B**타입 (16쪽으로)

☐ 주방 용품이나 일용품을 수납하는 장소를 정해 놓았지만 무심코 그 주변에 어질러 놓는다.
☐ 취향에 맞지 않는 물건도 간직하다가 어느 날 갑자기 과감하게 처분한다.
☐ 그날 기분에 따라 식료품을 왕창 사들일 때도 있고 절약할 때도 있다.
☐ 옷가게 점원의 권유에 솔깃해 물건을 샀다가 후회할 때가 많다.
☐ 가방 안이 어수선하여 지갑이나 손수건을 바로 꺼낼 수 없을 때도 있다.

➡ **C**타입 (18쪽으로)

☐ 신발장이 깨끗하게 정리되어 있고 두는 장소가 거의 정해져 있다.
☐ 종이 봉투나 상자는 마음에 드는 것만 보관해 두고 나머지는 바로바로 처분한다.
☐ 식료품을 구입할 때는 브랜드와 구입처를 신중히 선택하는 편이다.
☐ 세제와 청소 도구는 철저히 목적에 맞게 분류하여 사용하는 편이다.
☐ 자신만의 사진 정리법이 있어 쌓아 두지 않고 그때그때 앨범에 정리해 둔다.

➡ **D**타입 (20쪽으로)

당신은 '부지런히 쌓아 놓는' 유형

당신의 수납 성격

당신은 우유부단하여 물건을 버리지 못한 나머지 집 안을 필요 없는 물건들로 가득 차게 만들어 버리는 유형이다. 아까워서 버리지 못하고, 혹시 낡아서 입지 못하는 옷을 잔뜩 쌓아 두지는 않았는가? 아마 당신의 집에는 인쇄물이나 팸플릿, 샘플, 증정품 등이 널려 있을 것이다. 돌출형 창문이 창고로 쓰이기도 하고, 옷걸이에 여러 가지 잡동사니가 걸려 있기도 할 것이다. 지금까지의 경험상 4가지 유형 가운데 가장 많은 유형이기도 하다. 물건을 쉽게 버리지 못하는 것은 장점일 수도 있지만 단점이 될 수도 있다. 그것을 필요로 하는 단체에 기부하거나 처분하는 것도 좋은 방법이다.

필요한 물건을 과감하게 처분한다

쌓아 놓는 것을 방지한다

당신의 약점 극복 방법

쌓여 있는 물건을 정리할 때는 먼저 여러 가지 물건이 들어 있는 벽장이나 서랍부터 시작한다. 이 유형은 혼자서는 어떤 물건이 필요한지, 필요하지 않은지를 좀처럼 결정하지 못한다. 그러므로 버릴지, 버리지 않을지를 결정하기 힘든 물건은 '임시 보관소'를 만들어서 그 속에 넣어 두고 가족과 함께 필요성 여부를 따져 정기적으로 정리하는 것이 좋다.

공간만 있으면 모아 놓는 유형이므로 돌출형 창에는 비싼 장식품을 놓아둠으로써 불필요한 물건을 올려놓지 못하게 하는 작전도 좋다. 도구를 사용하여 수납 공간을 미리 분류해 두는 것도 무조건 쌓아 놓는 버릇을 막는 데 효과적이다. 이런 유형 가운데는 수납 도구가 계기가 되어 수납에 눈을 뜨는 사람도 많다.

이 책에서는 여기에 주목하라

■ 벽장 수납의 기본 원칙(82쪽~)

■ 벽장은 이런 순서로 정리한다(86쪽~)

■ 칸막이를 만든다(136쪽~)

당신에게 맞는 수납 용품

칸막이를 설치하거나 선반을 늘리는 등의 방법으로 물건을 쌓아 놓을 틈을 만들지 않는 노력이 필요하다. 물건을 보관할 때는 그 양을 알 수 있는 투명한 밀폐 용기를 사용해 보자.

당신은 '쑤셔 넣는' 유형

당신의 수납 성격

당신은 가사를 완벽하게 처리하는 사람이다. 삶의 방식과 인테리어에 나름대로의 원칙이 있어서 다른 사람의 눈에 띄는 곳은 깔끔히 치워 놓기 때문에 정돈이 잘된 것처럼 보인다. 하지만 실제로는 벽장이나 서랍에 물건을 쑤셔 넣는 버릇이 있지는 않은가? 아마 문구용 서랍 속에 립스틱이나 포장지, 약 등 전혀 관계없는 것이 들어 있기도 하고, 벽장 틈에 종이 가방을 집어넣기도 할 것이다. 이는 전체를 정돈하려는 마음이 앞서기 때문에 자잘한 것은 뒤로 미루거나 보이지 않는 곳에 무심코 숨겨 놓게 되는 것이다. 아마도 이 작은 공간이 지저분하다는 것이 성실한 당신의 마음을 괴롭히고 있을 것이다.

당신의 약점 극복 방법

당신은 꼼꼼하고 고지식한 면이 있어서 일단 수납 장소를 정해 놓으면 지키는 성격이다. 그러므로 무심코 물건을 넣고 싶은 서랍이나 벽장을 미리 구분하여 정해 두면 도움이 된다. 우선 임시 보관소가 되기 쉬운 식탁 주변이나 거실, 싱크대 서랍부터 시작하자. 일단 안에 들어 있는 물건을 전부 꺼낸 다음 필요 없는 것을 골라 처분하고, 같은 종류대로 모은다. 그런 다음 마분지나 빈 상자로 칸막이를 만들고, 비디오 케이스와 페트병 등을 이용하여 수납 공간을 만든다. 바지런한 유형이기 때문에 즐기면서 할 수 있으며, 그 과정에서 수납 도구의 유용함을 깨달을 것이다. 이 유형에게 있어 수납 도구는 초조함을 해소해 주고 마음에 평안을 주는 역할을 한다.

이 책에서는 여기에 주목하라

- 주방 공간별 수납 아이디어 모음 · 서랍(70쪽~)

- 친숙한 생활 용품을 수납에 활용하자(111쪽~)

- 칸막이를 만든다(136쪽~)

당신에게 맞는 수납 용품

조금씩, 자유롭게 형태를 바꿀 수 있는 도구가 안성맞춤이다. 직접 만든 칸막이나 빈 상자, 폐품을 활용하여 작은 물건을 쓰기 편하게 수납해 보자.

당신은 '어지르는' 유형

당신의 수납 성격

당신은 꺼내 놓은 물건들이 어질러져 있어도 별로 신경 쓰지 않는 유형이다. 그러나 어느 날 갑자기 분발하여 말끔하게 청소해 버리기도 한다. 자기 페이스를 중시하며, B 유형과 비슷한 비율을 차지한다. 어떤 일을 하다가도 다른 용무가 생기면 그때까지 하던 일을 무의식적으로 팽개쳐 버리는 일이 비일비재하다. 서랍 속에 칸막이를 설치해 놓고도 그것을 무시한 채 물건을 집어넣고는 필요한 물건을 찾아 여기저기 헤집고 다닌다. 마음만 먹으면 말끔하게 정돈하지만 의욕이 없을 때는 아무리 지저분해도 나 몰라라 하는 모습을 보인다.

당신의 약점 극복 방법

우선 옷장이나 책장 정돈부터 시작하는 것이 좋다. 내용별로 크게 나누어 큰 도구를 사용하여 대충 정리해 나간다. 꼼꼼하게 정돈하는 데는 서툰 유형이므로 처음부터 도구를 활용하여 분류한 다음 반드시 제자리에 갖다 놓겠다고 다짐하는 것은 오히려 마음의 부담만 될 뿐이다. 의류는 아주 정성스럽게 개지 않아도 된다고 생각하면 수납도 그리 큰 부담이 되지 않을 것이다. 그 대신 의욕이 생겼을 때 세심하게 정리하면 된다.

평소에는 내용별로 분류할 수 있는 서랍과 커다란 바구니만으로도 충분하다. '보관'이 아닌 '방치'의 감각으로 정돈해 보자. 특히 당신은 그때그때 정돈하는 유형이 아니기 때문에 취침 전 '집중 정돈'에 신경 쓰는 것이 좋다. 기분에 따라 좌우되는 경향이 있으므로 스스로 격려하고 북돋는 것이 좋다.

이 책에서는 여기에 주목하라

- Working closet(40쪽~)
- 주방 수납 아이디어(48쪽~)

당신에게 맞는 수납 용품

접이식 바구니를 최대한 활용하자. 평소에는 접어 두었다가 집 안이 지저분하다고 느껴질 때 단숨에 물건을 모아 쓸어 넣으면 된다. 물론 뚜껑은 없는 것이 좋다.

당신은 '겉모습에 집착하는' 유형

당신의 수납 성격

당신은 수납이나 인테리어에 관심이 많아 집 안 꾸미기에 자신감을 갖고 있다. 그러나 겉모습을 중시한 나머지 사용상의 편의는 소홀히 하고 있지 않은가? 주방에서 떨어져 있는 거실 장식장에 마음에 드는 식기를 진열해 두는 식으로 말이다. 이 유형의 사람들은 수납의 기본을 알아야 하는데, 자신이 하고 싶은 대로 정리하면 된다고 생각하는 경향이 있다. 보통 백 명 가운데 한두 명 정도로 드문 유형이지만 반드시 있다. 특히 이 유형의 문제는 자신이 신경 쓰는 공간에 비해 관심이 없는 공간, 특히 생활의 냄새가 나는 공간은 놀랄 만큼 지저분하게 관리한다는 것이다. 깨끗한 곳은 엄청 깨끗하게 하고, 지저분한 곳은 엄청 지저분하게 관리하는 것이 이 유형의 특징이다.

당신의 약점 극복 방법

일단은 가장 손대고 싶은 곳부터 정리하면 된다. 보기 좋게 꾸미고 싶은 부분은 만족할 때까지 꾸민다. 한 군데가 끝나면 다음 장소로 옮겨가는 방식으로 물건 놓을 곳을 찾아 정돈해 나간다. 그런 다음에는 싱크대 아래와 같이 지금까지는 무관심했던 공간에도 눈을 돌려 보자. 그 물건이 사용되는 장소와 가까운 곳에 수납되어 있는지, 무거운 것은 아래, 가벼운 것은 위에 있는지 등 수납 원칙에 따라 확인한다. 그러나 이처럼 보이지 않는 곳에 수납 도구를 만드느라 큰 돈을 들일 필요는 없다. 직접 칸막이를 만들거나 골판지 상자, 플라스틱 바구니, 페트병 등을 이용하면 된다. 의외로 당신은 폐품 이용하는 것을 즐기는 유형이기도 하다. 눈에 잘 띄는 공간과 숨겨진 공간을 분류하여 잘 정돈해 보자.

이 책에서는 여기에 주목하라

- 수납의 3가지 기본 원칙(10쪽~)

- 친숙한 생활 용품을 수납에 활용하자(111쪽~)

- 칸막이를 만든다(136쪽~)

당신에게 맞는 수납 용품

컬러 박스(Color Box)를 사용할 것을 강력하게 추천한다. 그러나 이 유형은 아무리 추천해도 잘 보이는 곳에는 컬러 박스를 절대로 놓아두지 않으려 한다는 문제가 있다. 눈에 잘 띄는 곳은 자유롭게 꾸미고, 숨겨진 공간은 빈 상자 등을 이용해 보라.

의류 · 소품 수납

생활 용품 가운데 가장 많은 공간을 차지하는 것은 바로 의류일 것이다. 그러나 입고 싶었던 물건이 어느 날 가 보니 없어져 버렸거나 계절이 바뀌는 바람에 큰맘 먹고 산 정장을 몇 번 입어 보지도 못한 채 다시 옷장에 넣어야 했던 경험은 누구나 있을 것이다. 여기서는 그런 낭비를 막기 위해 종류별 · 계절별 의류와 멋내기 소품을 수납하는 방법을 소개할 것이다. '아이템별로 정리하여 소재가 상하지 않도록 보기 쉽고 고르기 쉽게 수납'하는 것이 의류와 소품 수납의 포인트다. 그럼 지금부터 매일 기분 좋게 외출 준비를 할 수 있도록 수납해 보자.

옷을 잘 갠다

옷 개는 방식과 수납 방식을 조금만 바꿔도 수납량이 느는 데다 넣고 꺼내기가 훨씬 수월해진다. 우선 서랍 1단, 즉 맨 아래 칸부터 정리해 보자.

개고 수납하기의 기본

1 수납 공간에 맞춰 사각으로 갠다

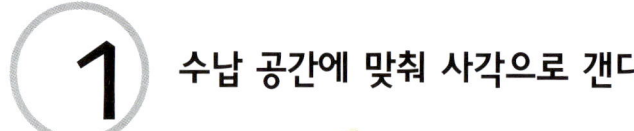

[세워 넣는다]

옷을 개는 방법은 다양하지만 기본은 하나다. 수납 공간의 크기에 맞춰 사각으로 개면 된다. 평상복은 왼쪽 사진처럼 세워서 넣으면 넣기도 쉽고 꺼내기도 쉽다.

[겹쳐 넣는다]

블라우스처럼 주름이 생기면 안 되는 옷은 세워 넣는 것보다 위로 겹쳐서 넣는 것이 좋다. 이 경우에도 수납 공간의 폭과 길이에 맞춰 사각으로 개는 것이 기본이다.

2 굴곡이 생기지 않도록 평평하게 갠다

아무렇게나 개서 쌓아 놓으면 수납량이 줄어들 뿐만 아니라 주름이 생길 수도 있다. 평평한 곳에서 개고, 되도록 굴곡이 생기지 않도록 주의한다.

3 옷의 소재에 따라 수납 장소를 바꾼다

아래쪽에는 습기가 많으므로 습기나 벌레에 약한 견이나 캐시미어와 같은 고급 소재의 옷은 가능하면 높은 위치에 수납한다. 옷장 아래쪽은 물세탁이 가능한 면 제품을 수납하는 게 적합하다.

티셔츠

뒤쪽을 맞춰 작게 갠다

티셔츠를 작게 갤 때는 주름이 생기는 목 주위를 접지 않는 것이 포인트다. 수납 공간에 맞춰 폭을 정하고, 뒤쪽으로 양끝을 접은 다음 길이에 맞춰 한 번 또는 두 번 접는다.

티셔츠의 뒷길이 위로 향하게 펼친 나음 주름을 편다.

수납 공간의 폭에 맞도록 왼쪽 옆구리를 뒷길 쪽으로 접은 다음 옆선에 맞춰 소매를 두 겹으로 접는다.

앞길을 위로 향하게 하여 수납한다. 길이가 너무 길면 밑단을 조금 접은 다음 위로 접으면 된다.

오른쪽도 왼쪽과 마찬가지로 접는다. 이때 양쪽이 똑같게 티셔츠의 중심을 맞춘다.

세워서 수납할 때는 위로 한 번 더 접고 목 부분이 위로 오게 해서 집어넣으면 모양도 흐트러지지 않고 꺼내기도 쉽다.

길을 밑단 쪽에서 위로 한 번 접어 모양을 잡으면 완성이다.

25

와이셔츠
두꺼운 종이를 등쪽에 대고 항상 똑같이 접는다

와이셔츠를 수납할 장소를 정한 다음에는 마분지로 셔츠 폭과 길이에 맞는 종이를 만들어 두면 편리하다. 겹쳐서 쌓을 때는 깃 안쪽을 패킹하고, 깃 부분이 서로 반대쪽으로 오게 쌓으면 높이도 같아지고 수납량도 늘어난다.

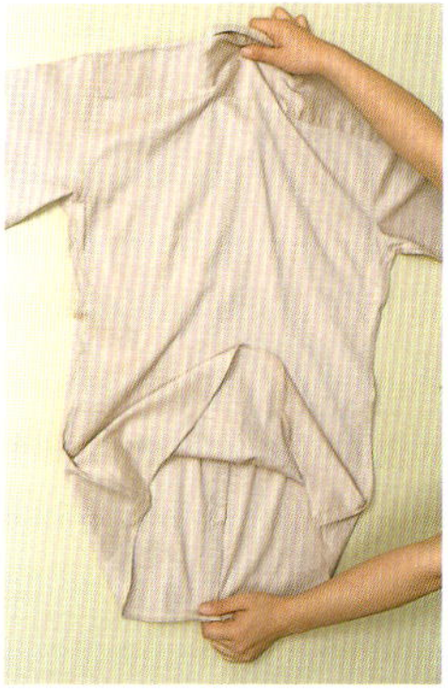

첫 번째, 두 번째 단추를 채운 다음 뒷길을 위로 놓고 깃을 누른 채 앞길의 주름을 편다.

뒷길과 소매의 주름을 편 다음 깃 아래 가운데에 마분지로 만든 종이를 댄다.

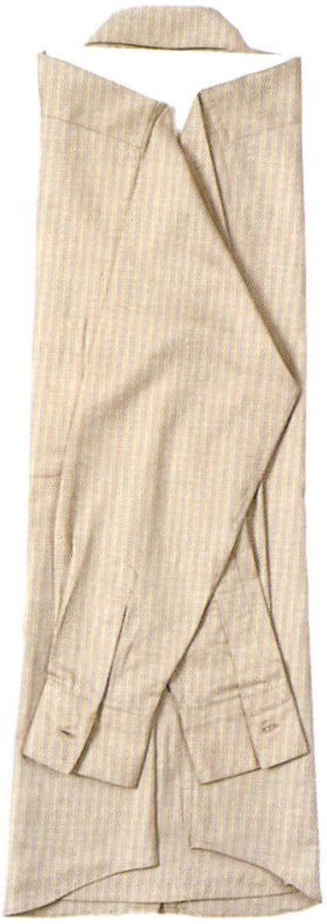

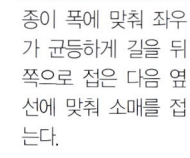

종이 폭에 맞춰 좌우가 균등하게 길을 뒤쪽으로 접은 다음 옆선에 맞춰 소매를 접는다.

POINT

주름이 생기지 않도록 접는다.

나비넥타이처럼 깃 부분의 디자인이 독특한 블라우스 종류는 주름이 생기지 않도록 깃을 펴서 수납한다.

먼저 밑단을 조금 접은 다음 종이에 맞춰 길을 한 번 접는다. 종이를 뺀 다음 깃 안쪽을 패킹해 두면 안심이다.

깃이 세워지도록 패킹을 만든다. 헌 스타킹에 헝겊을 채우고 양끝을 묶기만 하면 된다.

폴로 셔츠

단추를 채우고 깃을 세워서 갠다

폴로 셔츠는 깃과 가슴 부분에 주름이 생기지 않도록 주의해야 한다. 깃이 빳빳하면 깃을 세워 뒤쪽으로 개고, 부드러운 것은 깃을 눕힌 다음 단추를 풀어서 갠다.

카디건

단추를 채우지 않고 앞쪽으로 갠다

앞쪽으로 갤 때는 단추를 채우지 않아도 된다. 앞길의 단추가 있는 쪽을 아래로, 단춧구멍 쪽을 위로 가게 해서 접으면 개기도 쉽고 단추도 보호할 수 있다.

깃이 빳빳한 것은 깃을 세우고, 부드러운 것은 눕힌다. 단추는 채우지 않아도 된다.

뒷길을 위로 하여 주름을 펴고 수납 공간의 폭에 맞춰 왼쪽 옆구리와 소매를 뒷길 쪽으로 접는다.

단춧구멍이 있는 쪽을 위로 하여 주름을 편 다음 수납 공간의 폭에 맞춰 왼쪽 옆구리를 접는다.

오른쪽 옆구리와 소매도 마찬가지로 뒷길 쪽으로 접는다. 이때 좌우 폭이 똑같아야 한다.

밑단을 들어올려 한 번 접는다. 길이가 긴 것은 밑단을 약간 접은 다음 접는다.

옆선에 맞춰 소매를 접는다. 오른쪽도 마찬가지다. 이때 좌우 폭이 똑같아야 한다.

밑단에서 1/3 정도 되는 부분을 접는다. 수납 공간의 길이에 맞춰 길이를 조절한다.

옷을 뒤집어 앞길을 위로 하여 모양을 다듬는다. 이렇게 해서 수납하면 깃과 그 주변이 깔끔하다.

세워서 수납할 때는 깃을 바깥쪽으로 하여 한 번 더 접는다. 세울 때 깃을 위쪽으로 오게 해서 넣으면 꺼내기 쉽다.

위쪽으로 한 번 접으면 완성. 이렇게 두 번 접으면 다른 옷을 꺼낼 때도 펼쳐지거나 모양이 흐트러지지 않는다.

스웨터

수납 장소에 따라 개는 방식을 달리한다

너무 두툼하지 않으면서도 주름 없이 개는 것이 기본 접기 방식이다. 수납 장소에 따라 폭을 조절할 수도 있다.

기본 접기 방식

뒷길을 위로 향하게 놓은 다음 옆구리 선에 맞춰 양소매를 수평이 되게 안쪽으로 접는다.

좌우 옆구리 선이 뒷길의 가운데 선에서 만나도록 접는다. 그러면 폭이 반으로 줄어든다.

소매 부분이 흐트러지지 않도록 주의하여 밑단에서 약 1/3 되는 부분에서 한 번 접는다.

한 번 더 접으면 완성. 수납 공간에 따라 한 번 더 접을 수도 있다.

어깨 폭을 조절하는 접기 방식

뒷길을 위로 하여 수납 장소의 폭에 맞도록 오른쪽 옆구리를 뒷길 쪽으로 접은 다음 소매를 접는다. 왼쪽도 마찬가지다.

뒷길의 중심선에 맞춰 양쪽 옆구리를 접은 다음 밑단에서 1/3 되는 부분에서 한 번 접는다.

한 번 더 접는다. 스웨터의 길이나 수납 공간의 길이에 따라 접는 방법을 달리한다.

조끼

세로로 한 번 접어 앞길에 주름이 생기지 않게 한다

조끼의 앞길에는 주름이 없어야 한다. 세로로 한 번 접고, 한쪽 앞길로 전체를 감싸는 방법으로 개면 때도 타지 않는다.

단추는 채우지 말고, 단춧구멍이 있는 쪽을 위로 놓은 다음 주름을 편다.

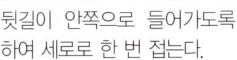

뒷길이 안쪽으로 들어가도록 하여 세로로 한 번 접는다.

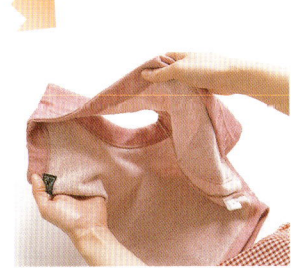

깃을 잡고 다른 손으로 한쪽 앞길을 뒤집어 전체를 감싼다.

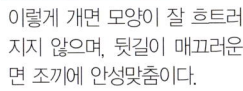

이렇게 개면 모양이 잘 흐트러지지 않으며, 뒷길이 매끄러운 면 조끼에 안성맞춤이다.

방한용 재킷(파카)

맨 처음에 후드를 안쪽으로 접어 넣는 것이 포인트

재킷의 후드에 주름이 생기지 않게 하려면 맨 처음에 후드를 안쪽으로 접어 넣은 다음 앞쪽으로 개야 한다.

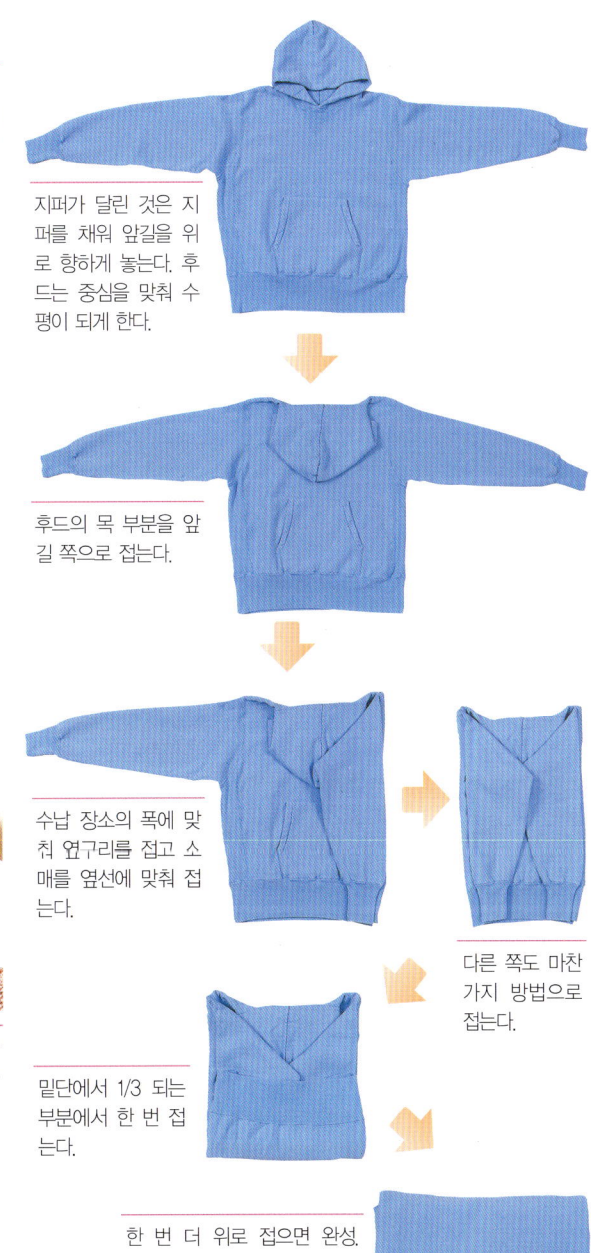

지퍼가 달린 것은 지퍼를 채워 앞길을 위로 향하게 놓는다. 후드는 중심을 맞춰 수평이 되게 한다.

후드의 목 부분을 앞길 쪽으로 접는다.

수납 장소의 폭에 맞춰 연구리를 접고 소매를 옆선에 맞춰 접는다.

다른 쪽도 마찬가지 방법으로 접는다.

밑단에서 1/3 되는 부분에서 한 번 접는다.

한 번 더 위로 접으면 완성. 이것으로 두꺼운 후드의 번거로움을 해결한다.

여름 원피스

A라인을 사각으로 접는다

어깨 끈과 펼쳐진 밑단을 순서에 맞게 사각으로 접는 것이 포인트다. 폭과 길이는 수납 장소에 맞춰 조절한다.

뒷길을 위로 향하게 놓고 주름을 편다. 스커트 자락은 자연스럽게 펼친다.

수납 장소의 폭에 맞춰 스커트의 양옆을 접고, 어깨 끈은 안쪽으로 접는다.

수납 장소의 길이에 맞춰 접는다. 먼저 밑단에서 1/3 되는 부분을 접는다.

밑단 위로 남은 1/3 부분을 접는다. 이렇게 하면 가슴 부분에 주름에 생기지 않는다.

반바지

주름이 잡히지 않게 갠다

바지에 가로로 접은 자국이 생기면 보기 흉하다. 작게 접어 수납할 때는 접는 부분에 쿠션을 넣으면 주름이 잘 생기지 않는다.

단추와 지퍼를 채우지 않은 상태에서 중심선이 있는 것은 좌우 라인을 맞춰 한 번 접는다.

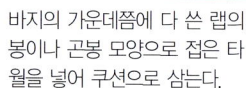

바지의 가운데쯤에 다 쓴 랩의 봉이나 곤봉 모양으로 접은 타월을 넣어 쿠션으로 삼는다.

쿠션을 중심으로 한 번 접으면 접은 자국이 잘 생기지 않는다.

퀼로트(Culotte) 스커트

접는 선에 쿠션을 넣어 가볍게 갠다

짧은 반바지 모양으로 생긴 퀼로트 스커트는 조금 개기가 어렵다. 재봉 선에 맞춰 접는 것이 포인트다. 접는 선에 쿠션을 넣으면 주름이 잘 생기지 않는다.

바지

2개를 함께 개는 것이 포인트

옆선이나 가운데 선을 중심으로 접어 2개를 한꺼번에 개면 서로 쿠션 역할을 해 주어 주름이 잘 생기지 않는다.

지퍼나 단추를 채운 다음 앞면을 위로 펼쳐 놓고 주름을 편다.

옆선이나 가운데 선을 중심으로 바지 2개를 사진과 같이 엇갈려서 포개 놓는다.

앞면을 안쪽으로 하여 엉덩이 라인 가운데서 한 번 접은 다음 밑단을 잘 편다.

엉덩이 밑의 튀어나온 부분을 안쪽으로 접어 전체를 마름모꼴이 되게 만든다.

아래쪽 바지의 허리 부분을 잡아 접어서 위쪽 바지 위에 놓는다.

위쪽 바지의 밑단을 잡아 안쪽으로 접는다.

스커트의 가운데쯤에 다 쓴 랩의 봉이나 곤봉 모양으로 접은 타월을 쿠션으로 놓는다.

쿠션을 중심으로 하여 한 번 접으면 주름이 잘 생기지 않는다.

이렇게 하면 1개씩 개는 것보다 접은 부분에 주름이 잘 생기지 않는다. 얇은 소재는 4개를 함께 갠다.

31

브래지어

컵을 겹쳐 어깨 끈으로 감싼다

좌우 컵을 겹쳐 어깨 끈으로 감싼다. 넣을 때 같은 방향으로 넣으면 수납량이 늘어날 뿐만 아니라 넣고 꺼내기도 쉽다.

팬티

작게 접어 허리선에서 정리한다

팬티와 속바지를 접는 방법은 같다. 잘 접은 다음 세워서 수납하면 꺼내기도 쉽고 모양도 흐트러지지 않는다.

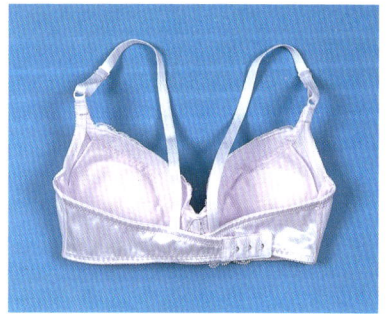

후크를 풀고 앞면을 아래쪽으로 놓은 다음 컵의 옆선에서 접는다.

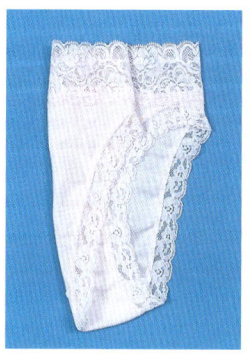

허리선을 정돈하여 앞면을 위로 오게 한 다음 왼쪽에서 1/3 정도 되는 곳을 접는다.

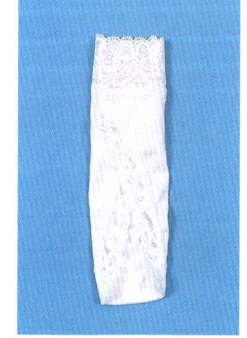

오른쪽에서 1/3 되는 부분도 왼쪽으로 접어 직사각형 모양이 되게 한다.

가운데를 중심으로 접은 다음 오른쪽 컵을 왼쪽 컵 속으로 넣고 어깨 끈을 손등에 건다.

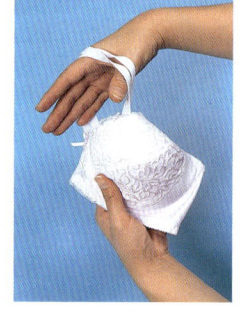

어깨 끈을 건 손의 엄지손가락을 앞쪽으로 돌리면서 8자를 그리듯이 어깨 끈으로 컵을 감싼다.

허리에서 1/3 되는 곳을 안쪽으로 접는다.

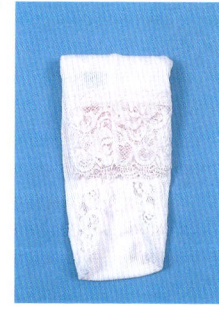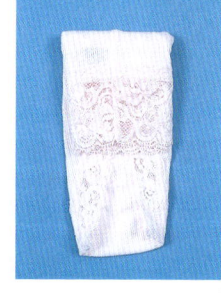

아래쪽에서도 안쪽으로 접어 허리선 고무줄 부분에 끼워 넣는다.

모두 비슷한 크기가 되게 접는다. 똑같은 방향으로 넣으면 수납량도 늘고 보기도 좋다.

주름을 펴고 모양을 만들면 완성이다. 크기도 작고 잘 펴지지도 않아서 넣고 꺼내기 쉽다.

슬립

거추장스런 부분은 안으로 접어 넣는다

매끄러운 소재의 슬립은 개기도 어렵고 수납하기도 어렵다. 레이스와 어깨 끈을 안쪽으로 접어 넣어 크기를 줄이는 것이 포인트다.

가슴 쪽에 있는 레이스가 안쪽으로 가도록 어깨 끈을 들어 밑단 쪽으로 살짝 한 번 접는다.

앞면을 위로 하여 어깨 끈을 펴고 밑단 라인을 정리한 다음 주름을 편다.

밑단 쪽에서 어깨 끈과 밑단을 함께 들어올려 한 번 접는다.

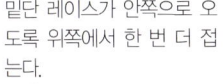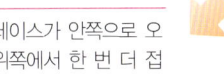

밑단 레이스가 안쪽으로 오도록 위쪽에서 한 번 더 접는다.

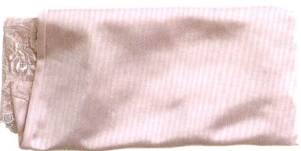

오른쪽에서 왼쪽으로 겹쳐 가로 길이를 반으로 만든다. 두께가 두꺼워져서 다루기가 좀 더 편할 것이다.

세로로 한 번 더 접는다.

캐미솔(Camisole)

상하를 함께 한 세트로 접는다

상하가 한 세트인 것은 함께 개는 것이 편리하다. 거추장스러운 부분을 안쪽으로 접어 넣어 사각형으로 만든다.

밑단이 넓은 팬티를 주름이 많이 생기지 않게 잘 편다.

앞쪽 가운데와 뒤쪽 가운데의 허리선을 잡아 바깥쪽으로 당긴다. 이렇게 하면 옆선이 앞면의 가운데 온다.

허리 부분을 밑단 쪽으로 한 번 접는다.

캐미솔 뒷면이 위로 오게 놓은 다음 접은 팬티를 밑단 가운데에 놓는다.

밑단이 넓은 캐미솔의 비어져 나온 부분을 안쪽으로 접어 넣어 모양을 만든다.

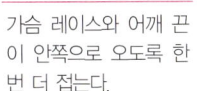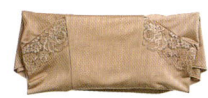

가슴 레이스와 어깨 끈이 안쪽으로 오도록 한 번 더 접는다.

어깨 끈을 잡아 밑단 쪽으로 한 번 접는다.

오른쪽 부분을 잡아 왼쪽으로 접으면 다루기 쉬운 모양이 된다.

오른쪽 끝을 잡고 가운데로 1/3 정도 되는 곳을 접는다.

트렁크(Trunk)

허리선에서 정리하여 작은 사각형 모양을 만든다

개는 순서는 팬티와 마찬가지로 가로로 두 번, 세로로 두 번 접는다. 허리 고무줄 부분에 집어넣으면 펼쳐지지 않아서 다루기 쉽다.

앞면을 위로 하여 주름을 편다.

앞뒤 허리선을 맞추고 왼쪽에서 1/3 되는 부분을 접는다.

오른쪽의 1/3이 왼쪽에 겹쳐지게 접는다. 그러면 밑단 쪽이 넓은 마름모꼴이 된다.

허리에서 1/3 되는 곳을 안쪽으로 접는다.

밑단도 안쪽으로 접어 고무줄 안으로 끼워 넣는다.

주름을 펴고 모양을 정돈하면 완성. 크기가 작고 펼쳐지지 않아 다루기 쉽다.

양말

고무줄 부분을 뒤집어 양쪽이 하나가 되게 한다

고무줄 부분을 뒤집어 양쪽을 하나로 만들면 모양도 흐트러지지 않고, 아이들도 쉽게 꺼낼 수 있다.

우선 양쪽을 포개 주름을 편다.

발끝에서 뒤꿈치 쪽으로 사진처럼 접는다.

양말의 목 부분을 아래쪽으로 접는다. 긴 양말은 두 번 접는다.

보기 좋게 집어넣는 것이 포인트다. 목 부분이 위로 오게 하여 수납한다.

바깥쪽의 고무줄 부분을 잡고 뒤집어 전체를 싸 넣는다.

스타킹

양쪽을 함께 접어 고무줄 부분으로 감싼다

혹시 아무렇게나 묶은 스타킹을 서랍에 던져 놓지는 않았는가? 그러나 스타킹도 정성스럽게 개서 보관하면 더 오래 신을 수 있고 색도 빨리 고를 수 있다.

주름을 펴서 양쪽을 겹쳐 놓는다.

발끝 쪽을 잡아 위쪽으로 한 번 접는다.

한 번 더 반으로 접어 원래 길이의 1/4로 만든다.

고무줄 부분을 뒤집어 전체를 감싼다.

아래쪽에서 1/3 되는 부분을 접고 반대쪽에서도 접는다.

파자마

단추는 채우지 않고 상하를 세트로 갠다

파자마는 금방 입을 수 있도록 단추를 채우지 않고 개는 것이 포인트다. 상의와 하의를 한꺼번에 개 놓으면 아이들도 꺼내 입기 쉽다.

상의

단추를 풀어 앞길을 위로 오게 한 다음 깃을 세우고 주름을 편다.

수납 장소의 폭에 맞춰 왼쪽을 앞길 쪽으로 접고 소매를 옆선에 맞춰 접는다.

반대쪽도 마찬가지 방법으로 접는다. 중심이 어긋나지 않도록 좌우를 똑같게 한다.

직사각형으로 접은 바지를 상의의 어깨 부분에 놓는다.

밑단 쪽에서 위쪽으로 한 번 접는다.

하의

좌우의 가운데 선을 맞춰 옆선이 앞면 가운데 오도록 접는다.

주름을 편 다음 밑단 쪽에서 한 번 접는다.

아래쪽에서 한 번 더 접어 원래 길이의 1/4로 만든다.

세워서 수납하는 경우에는 한 번 더 접는다. 사진처럼 세워 넣으면 꺼내기 쉽다.

35

옷장 활용의 기본 원칙

옷장은 귀중한 수납 공간이다. 그러나 이를 단순히 옷을 걸어 놓는 장소로만 쓰고 있지는 않은가? 높이를 자유롭게 이용할 수 있는 커다란 공간인 만큼 잘 나누어 활용하면 훨씬 많은 옷을 수납할 수 있다.

1 맨 윗부분까지 활용한다

옷장의 맨 윗칸을 아무렇게나 물건을 쑤셔 두는 공간으로 사용하는 주부들이 많다. 그러나 수납 상자를 이용하여 정리하면 꺼내기도 쉽고 수납량도 늘어난다. 특히 보관품이나 가끔씩 사용하는 물건을 수납하는 데 알맞다.

2 구석까지 활용한다

서랍처럼 넣었다 뺐다 할 수 있도록 옷장의 깊이에 맞는 바구니를 만들어 선반 속에 넣으면 편리하다. 선반의 높이가 너무 낮으면 죽은 공간이 되기 쉽다.

3 맨 아래 공간도 활용한다

옷을 걸고 남은 아래쪽 공간도 귀중한 수납 공간이다. 옷은 길이를 맞춰 순서대로 걸고, 아래쪽 빈 공간에도 거기에 맞는 높이의 도구를 넣어 수납 공간으로 활용하자. 특히 수납 도구에 바퀴가 달려 있으면 청소할 때 훨씬 편리하다.

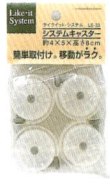

바퀴는 시중에서 쉽게 구할 수 있다.

추천할 만한 수납 용품   바구니

바닥이 좁거나 원형인 바구니는 쓸데없는 공간이 생기기 쉽고, 대나무 바구니는 옷에 흠집을 낼 수 있다. 특히 때가 잘 타는 장소에 둔다면 세척이 가능해야 하므로 소재에도 주의를 기울여야 한다. 크기가 일정하고 바퀴를 달 수 있고 모양은 단순한, 활용도가 높은 사각 바구니를 선택하는 것이 좋다.

1 구석까지 활용한다

가로로 걸려 있는 파이프에 옷을 걸면 약 60cm의 공간을 차지한다. 그러나 그보다 깊이가 깊으면 낭비되는 공간이 생긴다. 이때는 앞뒤를 2단으로 나눠 활용하는 것이 포인트다. 여기서는 앞쪽에 봉을 달아 바지 종류를 걸었다.

2 문 뒤까지 활용한다

3 아래쪽 공간도 활용한다

자신도 모르게 물건을 어지를 가능성이 있는 곳에는 처음부터 수납 도구를 넣어 두는 것이 좋다. 이렇게 수납 공간을 늘려 같은 종류의 물건은 가까운 곳에 수납하면 된다. 바퀴 달린 도구를 사용하면 구석의 물건도 꺼내기 쉽고 청소하기도 편하다.

접이식 옷장은 조금 무리지만 벽장을 이용하면 문 뒤쪽도 훌륭한 수납 공간이 된다. 후크를 달거나 못을 박아 벨트나 스카프 등의 소품을 걸면 고를 때도 편하다.

Working closet

무조건 의류를 잔뜩 집어넣는 것이 옷장 수납의 목적은 아니다. 같은 종류가 한곳에 모여 있으면서도 입고 나갈 때 고르기 쉬워야 한다. 사용상의 편의를 위해 고안한 갖가지 아이디어를 참고해 보자.

working closet가 무엇인지 궁금한 사람이 많을 것이다. working closet 란 이 책의 지은이인 곤도 노리코 씨가 부부만의 의류와 소품을 수납하기 위해 고안한 새로운 수납 공간이다. 폭 136cm, 안쪽 벽까지의 길이 214cm 의 매우 협소하고 세로로 길쭉한 이 방이 놀랄 만큼 많은 양의 물건을 수납할 수 있는 편리한 working closet으로 변신했다.

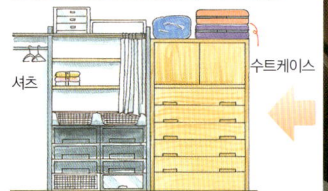

왼쪽 정면

셔츠 / 수트케이스

가구를 들여놓기 전의 working closet. 서랍장을 옮긴 결과 팔도 벌릴 수 없을 만큼 협소했다

와이셔츠는 선반에 넣어 옷가게처럼

선반의 아래쪽에는 서랍형 수납 상자를 넣고, 위쪽에는 와이셔츠를 넣어 교차 수납했다. 이렇게 했더니 한눈에 볼 수 있어 고르기 편하다.

내일 입을 옷과 오늘 입은 옷을 걸어 두는 장소

와이셔츠 선반 옆에는 짧은 파이프가 걸려 있다. 이곳은 내일 입고 나갈 옷을 준비하고 오늘 입은 옷의 열을 식히기 위한 장소다.

선반 옆에 네트를 달아 셔츠가 떨어지지 않게

선반에 쇠장식을 꽂아 네트를 걸기만 하면 된다. 이렇게 하면 와이셔츠가 떨어지는 것을 방지하고, 오른쪽에 걸어둔 옷도 흠집이 생기지 않게 보호할 수 있다.

커튼용 파이프를 설치

와이셔츠 선반에는 먼지가 끼고 색이 바래는 것을 방지하기 위한 커튼을 달았다. 파이프와 같은 직경의 받침대를 사용하면 설치하기도 쉽다.

튀어나온 천장 선반은 2개의 쇠 장식으로 고정

머리를 부딪칠 염려가 없을 만큼 높은 천장 선반은 얹어 놓을 물건의 크기에 맞춰 약간 앞으로 튀어나오게 달았다. 옆쪽은 T자, 정면은 접이식 쇠장식으로 고정하면 된다.

오른쪽 정면

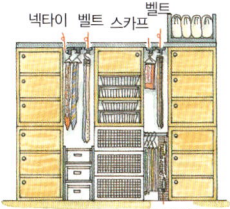

넥타이 벨트 스카프   벨트

액세서리

더보 레일을 달면 선반 제작이 간단

컬러 박스 사이도 귀중한 수납 공간이다. 양옆에 2개씩의 더보 레일을 달아 높이를 자유롭게 조절하면서 선반으로 사용하면 된다.

한 단 안에 또 하나의 선반을 추가하고 싶을 때

컬러 박스 한 단의 높이는 소품을 수납하기에는 좀 높은 편이다. 이때는 양옆에 같은 크기의 선반을 세우고 양면 테이프로 고정한 뒤 선반을 얹기만 하면 간단히 남는 공간을 활용할 수 있다.

문 뒤에는 방충제를

스웨터류를 수납한 문이 달려 있는 상자는 문 뒤에 비밀이 있다. 분해한 카세트 테이프의 케이스를 붙인 다음 그 속에 방충제를 넣어 보자. 떨어질 염려도 없고 훌륭한 수납 공간이 된다.

문이 달린 컬러 박스 6개를 연결

문이 달린 컬러 박스를 2개씩 아래위로 연결하여 방 높이에 맞춰 간격을 조절하고 천장 선반에 고정했다.

슬라이드 행거를 사용하여 공간을 활용한다!

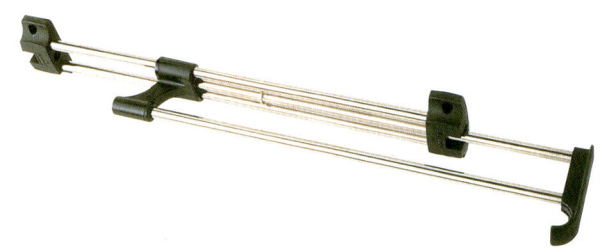

벨트나 스카프, 넥타이 등 다양한 패션 소품의 수납에는 슬라이드 행거를 추천한다. 위쪽 선반의 아래에 달기만 하면 되므로 설치도 간편하다. 이렇게 하면 찾기 어렵고 꺼내기 어려운 구석의 소품까지 한 번에 훑어보며 고를 수 있다.

스카프

핀치가 달린 행거에 매단다

스카프는 가능하면 주름이 생기지 않도록 보관해야 한다. 그러므로 큼직큼직하게 접어 핀치가 달린 행거에 매단다. 이렇게 하면 고르기도 쉽다.

벨트

버클 부분을 고리에 건다

슬라이드 행거에 레일용 쇠장식을 설치하고 벨트의 버클 부분을 걸어 수납한다. 이렇게 하면 수납하는 데 애를 먹었던 벨트도 깔끔하게 정리하여 한눈에 훑어볼 수 있다.

넥타이

전용 후크를 1개씩 달아 정리한다

넥타이는 후크에 고정한 다음 슬라이드 행거의 파이프에 건다. 이렇게 하면 주름도 생기지 않고 떨어질 염려도 없으며 많은 양을 정리할 수 있다.

가방

천 가방에 넣어 크기별로 세워서 수납

가방은 눈에 잘 보이는 곳에 정리해 두면 때와 장소에 맞춰 센스 있게 바꿔 들 수 있다. 상자를 버팀목으로 이용하여 천 가방에 넣어 크기별로 세워서 수납하면 된다.

종이 가방

종이 가방을 보관하기 위한 종이 가방을 준비

종이 가방을 수납할 때는 일단 큰 가방 하나에 들어갈 만큼만 보관하는 것이 원칙이다. 골판지를 Z형으로 자른 칸막이를 넣어 쓰고 버릴 가방과 마음에 드는 가방을 분류하라.

액세서리

넣었다 뺄 수 있는 네트에 장식하듯 수납

액세서리가 의류 옆에 있으면 외출 준비가 쉬워질 것이다. 위아래에 ㄷ자형 레일을 달고 네트를 설치하여 액세서리를 꽂거나 걸어 보라. 대표적인 공간 절약 아이디어다.

추천할 만한 수납 용품   네트

아무것도 없던 벽과 문 뒤쪽을 훌륭한 수납 공간으로 바꿔 주는 것이 네트다. 설치 전용 후크로 고정한 다음 바구니나 후크를 걸어 보자. 벽면을 수납 공간으로 활용하면 한눈에 훑어보며 원하는 것을 고를 수 있다.

두꺼운 네트는 그물 면을 앞쪽으로 하여 바구니나 후크를 걸면 된다.

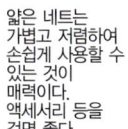
얇은 네트는 가볍고 저렴하여 손쉽게 사용할 수 있는 것이 매력이다. 액세서리 등을 걸면 좋다.

패션 소품 수납 아이디어 모음

같은 종류의 물건은 분산하여 보관하지 않는 것이 수납의 기본이다. 여기저기 흩어져 있기 쉬운 패션 소품을 한곳에 모아 깔끔하게 정리하는 방법을 소개한다. 깔끔하게 정리해 두면 일 년 내내 단 한 번도 쓰지 않은 채 구석에 처박아 두는 소품이나 똑같은 것을 사는 일은 없을 것이다.

스카프

가능하면 주름이 생기지 않도록

스카프는 접어서 서랍 속에 넣어 두면 다른 것을 꺼낼 때 구겨져 뒤죽박죽 되는 경우가 많다. 이럴 때는 부드럽게 살짝 접어 타월 행거에 걸어 보자. 왼쪽은 옷장 문 뒤쪽을 이용해 수납한 것이다. 작은 것은 비디오 테이프 케이스에 하나씩 넣어 두면 된다.

넥타이

타월 행거에 건 다음 고무줄로 고정

옷장 문 뒤쪽을 이용한 넥타이 수납 방법이다. 타월 행거에 건 다음 문을 열고 닫을 때마다 흔들려서 떨어지지 않도록 고무줄에 칼집을 넣어 후크로 고정한다.

액세서리

셀 스펀지에 칼집을 넣어 반지 수납 상자로 이용

적당한 크기의 작은 상자와 약간 두툼한 셀 스펀지만 있으면 쉽게 만들 수 있다. 커터로 칼집을 넣은 셀 스펀지를 상자에 깔면 반지 수납 공간이 된다.

한 개씩 작은 지퍼 백에

액세서리는 한꺼번에 수납하면 체인이 엉키거나 서로 부딪쳐 흠집이 생길 우려가 있다. 이때는 한 개씩 작은 지퍼 백에 넣어 두면 좋다.

종류별로 분류하여 작은 서랍 하나에 수납

작은 서랍을 이용하여 액세서리를 수납하는 방법도 있다. 상자 등을 이용하여 칸막이를 만들고 종류별로 분류하여 지정석을 만드는 것이 포인트다.

작은 귀고리는 단추를 이용하여 정리

두께가 얇은 단추 구멍에 귀고리 한 쌍을 꽂으면 된다. 작은 귀고리용이다.

체인이 엉키지 않도록 빨대를 이용

체인이 엉키는 것을 방지하기 위해서는 빨대를 이용하는 것이 좋다. 빨대를 가위로 잘라 길이를 조절한다. 둥근 펜던트나 반지는 둘둘 만 펠트(felt, 양털이나 그 밖의 짐승 털에 습기와 열을 가하여 눌러 만든 두꺼운 천 모양의 물건) 끼워 두면 굴러다니지 않아 흠집이 좀처럼 생기지 않는다.

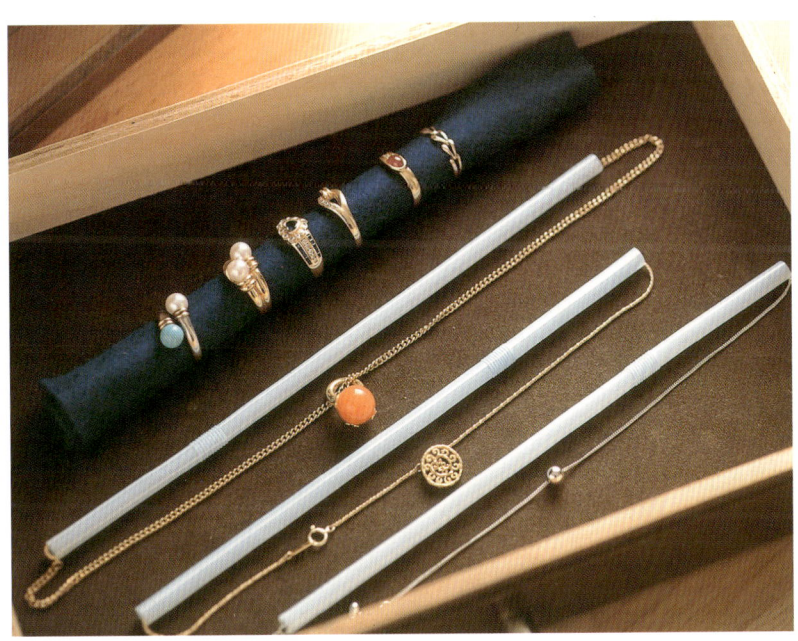

벨트

자주 사용하지 않는 벨트는 케이블 타이로 묶어 둔다

자주 쓰지 않는 벨트는 둘둘 감아 계속 사용할 수 있는 유형의 케이블 타이나 끈으로 묶어 두면 작은 공간에 수납할 수 있다.

나무 옷걸이를 벨트 수납 도구로 이용

나무 옷걸이에 송곳으로 구멍을 뚫은 다음 ㄴ자형 후크를 단다. 후크에 벨트의 버클 부분을 걸기만 하면 된다. 옷장 속의 작은 공간에도 벨트를 수납할 수 있다.

벽에 연속 후크를 달아 벨트를 수납

옷장의 안쪽 측면에 연속 후크를 달아 후크에 버클을 거는 방법도 있다. 후크가 움직이기 때문에 구석에 걸어 놓은 것도 쉽게 꺼낼 수 있다.

가방

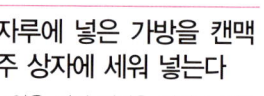

옷걸이와 천, 안전핀으로 만드는 가방 홀더

3m 정도 길이의 천을 옷걸이에 건 다음 사진처럼 안전핀으로 고정한다. 그런 다음 가방 크기에 맞춰 안전핀으로 단을 만들기만 하면 된다. 가방의 원래 형태를 유지하며 작은 공간에 수납할 수 있다.

자루에 넣은 가방을 캔맥주 상자에 세워 넣는다

모양을 잡기 어려운 가방도 틀에 넣어 두면 보기 흉한 굵은 주름이 생기지 않는다. 캔맥주 상자를 서류꽂이 모양으로 자른 다음 자른 면에 컬러 테이프를 붙여 만든다.

천 · 단추

투명한 미니 앨범을 사용

의류에 딸려 있는 자투리 천이나 단추도 수납 장소를 정해 두면 필요할 때 요긴하게 쓸 수 있다. 미니 앨범에 끼워 넣어 두면 번거롭지 않고 합리적이다.

편리하고 쾌적한 주방

요리는 의욕적이면서도 빠르게 진행되어야 한다. 아마도 음식을 맛있고 빨리 만드는 사람의 주방은 단순하면서도 요리 도구가 사용하기 쉽게 정리되어 있을 것이다. 조리 도구와 각종 양념, 식기 등 필요한 물건이 손닿는 곳에 있어 빨리 꺼냈다 넣었다 할 수 있는 기능적인 주방이 좋다.

당신의 주방은 어떠한가? 혹시 자주 쓰지 않는 도구가 그릇장과 서랍 속에 섞여 정작 필요한 물건은 꺼내기 어렵게 되어 있지는 않은가? 우선 과감하게 필요 없는 물건을 정리하는 일부터 시작하자. 주방은 하루도 빠짐 없이 이용하는 공간이다. 그렇기 때문에 즐겁게 머물 수 있는 공간으로 만드는 것이 중요하다.

주방 수납 아이디어

매일 이용하는 주방은 이런저런 물건이 잔뜩 들어차 있기보다는 사용하기 편리하고 손질하기 쉽게 수납되어 있어야 한다. 지금부터 그런 아이디어들로 가득한 수납 공간과 도구들을 소개하겠다.

주방과 거실 경계에 해치를

맨 처음 주방의 모습

이 집은 곤도 노리코 씨의 집이다. 처음에는 주방 가구와 냉장고가 거실에서 훤히 보이는 구조였다. 그래서 우선 냉장·냉동 장치가 딸려 있는 진열 케이스와 해치(취사장과 식당 사이의 서비스 창구)를 설치하여 주방과 거실을 구분했다. 그런 다음 거실 쪽으로 조리 도구가 튀어나오지 않도록 수납했다.

칸막이로 사용한 것은 양면 해치

공간을 구분하기 위해 구입하여 설치한 해치를 싱크대 쪽에서 본 모습. 이곳에는 매일 사용하는 찻잔과 차를 수납했다. 조리 중에도 몸을 돌리기만 하면 손이 닿기 때문에 편리하다.

자주 사용하는 것을 일괄 수납하는 수제 선반

밥솥은 사용할 때만 앞으로 나오게 한다

수증기 때문에 신경 쓰이는 밥솥을 사용할 때만 앞으로 나오게 만든 수제 선반이다. 널빤지 2장 사이에 '바닥용 슬라이드 레일'을 장착했다.

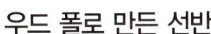

우드 폴로 만든 선반

밥솥과 전자레인지를 올려놓기 위해 구입한 선반을 사용하지 않는 집이 많다. 그래서 나무 막대를 이용하여 필요한 물건을 합리적으로 수납할 수 있는 선반을 직접 만들었다.

김이 서리는 곳에는 타일을 붙인다

밥솥 위, 즉 선반 아래쪽에 타일을 붙여 두면 손질하기도 편하고, 나무도 상하지 않는다. 선반과 선반 사이의 공간에 작은 선반을 설치하고 벽면에 네트를 달아 공간을 활용한다.

쓰레기 봉지는 휴지통 옆에

'수납 장소는 사용 장소 옆에.' 이는 수납의 기본 원칙 가운데 하나다. 휴지통이 선반 밑에 있으므로 쓰레기 봉지는 당연히 가까운 곳에 수납해야 한다. 수고를 덜어 주는 아이디어야말로 수납의 기본이다.

싱크대 밑은 여유 있게 수납함으로써 사용하기 편하게

사용상의 편의를 우선으로 수납 도구를 설치

싱크대 아래는 습기가 많으므로 냄비와 프라이팬 등 물로 씻을 수 있는 물건을 수납한다. 필요한 것을 금방 꺼낼 수 있도록 너무 빽빽하지 않게 수납하는 것이 좋다.

그릇장은 언제라도 꺼내기 쉽게

팔을 뻗으면 비닐 봉지를 쉽게 꺼낼 수 있게

비닐 봉지나 지퍼 백을 티슈 상자에 넣어 식기장 맨 아래에 둔다. 비닐 봉지나 지퍼 백은 싱크대 주변에서 많이 사용된다. 이렇게 놓아두면 한 손으로도 쉽게 꺼내 쓸 수 있다.

냄비 뚜껑은 문 뒤에, 냄비는 겹쳐서 수납

냄비 뚜껑을 따로 수납하면 냄비를 겹쳐 놓을 수 있기 때문에 공간이 절약된다. 크기가 같은 모든 냄비에 사용할 수 있는 뚜껑은 금방 꺼낼 수 있도록 문 뒤에 자리를 잡아 두면 좋다.

접착식 뚜껑 걸이를 문 뒤에 쉽게 설치할 수 있다.

문 뒤쪽과 테이블 아래도 활용

비닐 봉지를 문 뒤에 수납

문 뒤쪽에 압정으로 세탁망을 고정한 다음 비닐 봉지를 수납한다. 단, 망 속에 들어갈 만큼만 적당히 보관해야 거추장스럽지도 않고 눈에 거슬리지도 않는다.

테이블 밑에 티슈를 수납

테이블 밑에 홀더를 붙인 뒤 각 티슈를 눈에 띄지 않게 수납한다. 수시로 넣었다 뺐다 할 수 있어 편리하다.

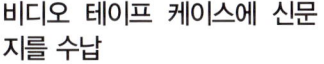

비디오 테이프 케이스에 신문지를 수납

문 뒤쪽은 음식 쓰레기를 처리하거나 기름 묻은 그릇을 닦아 내는 데도 편리한 수납 공간이다. 한쪽 옆면을 잘라 낸 비디오 케이스 2개를 사진처럼 문 뒤에 붙인다.

벽면에 부착하여 티슈 박스를 끼워 고정하는 홀더.

비디오 테이프 케이스에 식품을 수납

투명한 비디오 테이프 케이스를 양면 테이프로 붙여 작은 봉지에 들어 있는 식품을 수납한다. 이렇게 해 두면 남아 있는 양을 한눈에 알 수 있어 편리하다. 쓰다 만 것은 클립으로 고정해 두면 된다.

원하는 것을 바로 꺼낼 수 있는 식기장

서류꽂이와 바구니, 칸막이, 트레이로 꺼내기 쉽게 수납

접시를 잔뜩 쌓아 놓으면 아래쪽에 있는 것은 꺼내기가 매우 번거롭다. 이럴 때는 서류꽂이와 바구니를 이용하여 세워서 보관하면 수납하기도 좋고, 케이스째 꺼내 사용할 수도 있다. 트레이를 빼면 구석의 물건이 나오기 때문에 매우 유용하다.

서류꽂이에 고무줄을 묶어 움직이지 않게

서류꽂이는 눕혀서 쌓아 두면 상당한 공간을 차지하는 큰 접시를 수납하는 데 편리하다. 접시가 작다면 안에서 움직이지 않도록 서류꽂이 구멍에 헤어 밴드를 묶어 활용하면 된다.

식기장 옆에 바구니를 붙여 쟁반을 수납

쟁반은 쉽게 손이 닿는 곳에 두는 것이 좋다. 거실에서 보이지 않으면서도 꺼내기 편한 식기장 옆이 괜찮다. 바구니를 접착한 다음 그 속에 쟁반을 넣으면 된다.

큰 접시는 쿠션 봉투에 넣어 세워서 수납

큰 접시는 상자에 넣어 깊숙이 수납해 두면 별로 사용할 기회가 없다. 주로 큰일을 치르거나 많은 손님이 올 때만 한두 번 사용할 뿐이다. 큰 접시는 상자에서 꺼내 1개씩 쿠션 봉투에 넣어 세워서 수납하면 훨씬 자주 사용할 수 있다.

냉장고 위도 알뜰하게 활용하자

천장과 냉장고 사이에는 자주 쓰지 않는 물건을 수납 핫 플레이트나 밥상처럼 자주 사용하지는 않지만 공간을 차지하는 물건은 냉장고 위에 수납한다. 압착 선반을 설치하여 단품을 꺼낼 수 있도록 하고, 지저분해 보이지 않도록 커튼을 친다.

추천할 만한 수납 용품 　압착봉

압착봉은 벽에 흠집을 내지 않고 공간을 이용하고 싶을 때 안성맞춤이다. 30cm~3m로 길이도 매우 다양하다. 압착봉을 선택할 때는 특히 설치 범위와 하중을 잘 확인하고 골라야 한다. 커튼처럼 가벼운 것은 위의 사진처럼 가격이 저렴한 용수철식을, 무거운 것은 잭식 또는 2가지가 혼합된 것을 고르면 된다.

 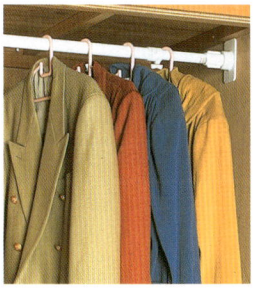

추천할 만한 수납 용품 　압착 선반

압착봉과 마찬가지로 설치 범위와 하중을 잘 확인한 뒤에 선택하는 것이 중요하다. 무거운 물건을 올려놓거나 넓은 범위에 설치하고 싶을 때는 용수철과 잭식이 혼합된 것을 추천한다. 선반 부분이 파이프 모양, 그물 모양 등 여러 가지가 있고 단이 있거나 경사진 벽에 설치하도록 앞뒤 다리의 폭을 변경할 수 있는 것도 있다.

서랍은 내용물에 맞춰 칸을 나눈다

조리 도구용 서랍은 빽빽하지 않게

다양한 모양의 조리 도구는 필요할 때 바로 꺼낼 수 있도록 여유 있게 수납하는 것이 포인트다. 가격이 저렴한 바구니와 밀폐 용기를 준비하여 퍼즐처럼 배치해 보자.

볼과 소쿠리는 겹쳐서 속이 깊은 서랍에

볼과 소쿠리도 크기에 따라 겹쳐 놓으면 공간을 절약할 수 있다. 특히 싱크대 밑 서랍에 넣어 두면 바로 꺼낼 수 있어 편리하다. 서랍 안쪽에는 비디오 테이프 케이스를 붙여 물기를 제거하는 비닐을 수납하면 된다.

향신료는 작게 칸을 나누어 수납

가격이 저렴한 바구니로 칸을 나누면 향신료와 수프, 조미료 등을 깔끔하게 수납할 수 있다. 칸이 나눠져 있어서 뒤죽박죽 섞일 염려도 없다.

식기장의 서랍도 트레이와 바구니로 칸을 나눈다

나이프와 포크, 스푼 등은 칸이 나뉘어진 트레이에 각각 수납한다. 차탁과 젓가락 받침도 칸이 나뉘어진 바구니에 보기 좋게 수납해 보자.

테이블 밑에도 작은 서랍을 설치

테이블과 무릎 사이의 공간에 착안하여 티스푼 등을 수납하는 서랍을 설치해 보자. 양면 테이프나 나무못으로 고정하면 된다.

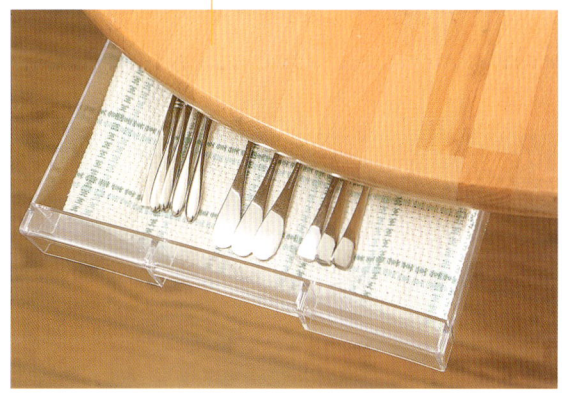

주방에 두고 싶은 모든 물건에 지정석을

진찰권이나 열쇠, 인감 등 조리 도구 이외에도 주방에 두고 싶은 물건들이 있을 것이다. 이때는 밀폐 용기나 카세트 테이프 케이스 등을 이용하여 물건마다 지정석을 만들어 주는 것이 포인트다.

서랍의 칸을 나누면 오랫동안 깔끔하게 쓸 수 있다

서랍을 오랫동안 깔끔하게 사용하기 위한 열쇠는 바로 처음에 칸을 나누는 데 있다. 행주가 들어 있는 서랍도 H형으로 칸을 나누어 놓으면 사진처럼 잘 정돈된 형태가 된다.

주방 수납의 기본 원칙

물과 불을 다루는 주방에서는 수납 공간별로 수납하기에 적당한 물건이 따로 있다. 사용 빈도나 무게에 맞춰 수납 위치가 정해져 있는지 한번 확인해 보라.

수납 공간별로 수납 방법을 정한다

선반

싱크대 위 선반은 물기를 말리거나 요리할 때 보조 공간으로 사용할 수 있는 편리한 공간이다. 볼과 냄비는 너무 오랜 시간 동안 얹어 놓지 말고 가능하면 비워 두는 것이 좋다. 도마용 선반을 이용하면 공간을 활용할 수 있다.

찬장

위쪽에는 평소에 잘 쓰지 않고 계절을 타는 물건(뚝배기나 휴대용 가스레인지 등), 가벼운 것들을 안쪽까지 내용물이 보이지 않도록 수납한다. 아래쪽은 사용하기 편리하므로 자주 쓰면서도 비교적 가벼운 물건을 수납한다.

가스대 밑의 장

습기가 많은 싱크대 밑과는 달리 가스대 밑에는 무엇을 넣어도 좋다. 그러나 기왕이면 동선을 고려하여 불을 사용하는 요리에 필요한 식용유나 간장, 식초, 청주 등의 조미료를 수납해 두는 것이 편리하다. 무거운 물건은 슬라이드식 선반을 활용하여 수납하면 좋다.

싱크대 밑

배수관을 타고 흐르는 물의 온도 변화가 심한 싱크대 밑은 습기가 걱정되는 공간이다. 그렇기 때문에 식품이나 곡류, 전기 제품의 수납에는 적합하지 않다. 냄비나 프라이팬, 볼 등 물로 씻을 수 있는 조리 도구나 세제 등의 수납에 안성맞춤이다.

배수관을 끼고 설치할 수 있는 ㄷ자형 선반을 이용하면 높이를 활용할 수 있다. 자질구레한 물건은 모두 케이스에 집어넣으면 청소할 때 편하다.

프라이팬 전용 수납 선반을 이용하면 높이도 활용할 수 있고, 또 필요할 때 바로바로 꺼내 쓸 수 있어 편리하다.

서랍

크기와 모양이 다양하여 수납하기 까다로운 조리 도구를 수납하는 데는 칸막이가 위력을 발휘한다. 빈 상자 또는 바구니, 소형 밀폐 용기 등을 이용하여 빈틈이 생기지 않도록 칸을 나눠 보자.

문 뒤에 포켓을 설치하여 세제 수납 공간으로 활용하면 몸을 웅크리지 않고도 바로 꺼낼 수 있어 편리하다.

문 뒤쪽

서랍에 넣으면 공간을 많이 차지하는 조리 도구나 자주 사용하는 물건을 문 뒤쪽에 수납하는 것은 매우 좋은 아이디어다. 후크를 달기 전에는 안쪽에 물건이 너무 가득 차 있지는 않은지 확인하는 일도 잊지 말자.

물건의 걸이 부분의 형태와 두께를 확인하여 문을 열고 닫아도 잘 떨어지지 않는 것을 선택하자.

식기장을 수납할 때는 편리함과 외관을 고려한다

위쪽 선반

선반 위쪽에 유리 식기나 옅은 색의 식기를 수납하면 무거워 보이지도 않고, 잘 정돈된 것처럼 보인다. 또한 팔을 뻗어야만 닿는 높이에는 평평한 접시보다 깊숙한 사발을 수납하는 것이 꺼낼 때 확실히 잡고 꺼낼 수 있어 안심이다.

식기 선반의 공간을 나누는 데 효율적인 것이 바로 투명한 ⊏자형 선반이다. 찻잔과 찻잔 받침도 작은 공간에 보기 좋게 수납할 수 있다.

앞의 물건을 치워야만 뒤에 있는 물건을 집을 수 있도록 수납되어 있다면 굉장히 불편할 것이다. 그러나 바구니에 모아서 넣어 두면 한꺼번에 꺼낼 수 있기 때문에 그런 불편이 사라진다.

꺼내기 쉬운 위치

똑바로 섰을 때 눈높이보다 약간 아래에 위치한 선반이 그 자세 그대로 필요한 그릇을 꺼낼 수 있어서 가장 좋다. 가장 좋은 장소에 가장 자주 쓰는 물건을 두는 것은 수납의 기본 중 기본이다. 여기에는 평소에 자주 쓰는 밥공기나 찻잔, 접시 등을 수납한다.

아래쪽 선반

몸을 웅크리고 물건을 꺼내야 하는 아래쪽 선반에는 사용 빈도가 낮은 물건이나 무거운 식기를 수납한다. 큰 접시는 세워서 수납하면 공간의 낭비를 줄일 수 있고, 자잘한 그릇은 칸이 나누어져 있는 트레이에 담아 수납하면 된다.

서류꽂이 등을 이용하여 공간을 세로로 나누는 것이 포인트다. 이렇게 하면 큰 그릇을 사용할 기회도 늘어난다.

주방을 정리하는 순서

어느 집의 주방이든 분명 필요 없는 물건이 잠들어 있을 것이다. 지금부터 설명하는 방법을 이용하여 '편리하고 깨끗한 주방'을 만들어 보자.

 ## 우선 식품부터 정리한다

식품은 유효 기간이 표기되어 있어서 필요 없는 것을 골라내기가 쉽다. 일단은 여기저기 흩어져 있는 식품부터 정리해 보자. 먹다 만 것이나 사재기 해 둔 것, 저장 식품 등을 전부 점검하여 먹을 수 없는 것은 일단 버려라. 같은 종류의 식품을 모아 보면 남은 양을 확실히 알 수 있다.

 ## 조리 도구를 다시 배치한다

다음에는 냄비, 프라이팬, 볼, 국자 등의 조리 도구를 확인하자. 같은 것이 여러 개 있거나 거의 쓰지 않는 것들이 분명 있을 것이다. 조리 도구는 편리하게 사용할 수 있는 것으로, 최소한의 양만 있으면 된다. 여러 개가 있다면 오래된 것부터 처분하고, 검게 그을린 튀김 젓가락 같은 것이 있다면 과감하게 버린다. 전혀 사용하지 않는 냄비도 주방에서 빼 버리자.

식기를 정리한다

거의 쓰지 않는데도 공간을 차지하고 있는 식기가 있다면 바자회 또는 재활용품을 수거해 가는 날 내놓는 방법이 있다. 버리고 싶지 않은 식기라면 식기장에서 꺼내 다른 장소에 보관하라. 이가 빠지거나 금이 간 채 식기장에 방치되어 있는 식기도 이번 기회에 과감하게 처분한다. 수납 공간과 식기 양의 균형을 맞춰 가며 정리하는 것이 중요하다.

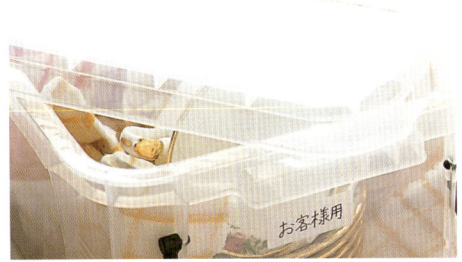

잡화와 소품을 정리한다

행주나 스펀지, 쓰레기 봉지, 랩, 세제와 같은 잡화나 소품을 일단 전부 꺼낸다. 혹시 구입해서 넣어 둔 채 그 존재조차 잊어버리고 있던 것은 없는가? 그 원인은 물건의 수납 장소가 정해져 있지 않기 때문이다. 이제부터는 수납 장소를 확실히 정해 두고 새로 사 온 것은 반드시 정해진 곳에 수납한다. 낡은 행주와 스펀지는 청소용으로 용도를 변경한다.

밀폐 용기를 정리한다

전부 꺼내 보면 놀랄 만큼 많은 밀폐 용기가 있을 것이다. 의식하지 못하는 사이에 조금씩 쌓여 가는 밀폐 용기도 이번 기회에 확실히 정리하자. 변색되거나 뚜껑이 없는 것, 모양이나 크기가 쓰기에 불편한 것은 제외하고 정말로 필요한 것만 골라 수납 장소를 정한다. 못쓰게 된 밀폐 용기를 서랍 칸막이나 소품 수납함으로 재활용하는 것도 좋은 방법이다.

주방 공간별 수납 아이디어 모음

지금부터는 싱크대 밑이나 가스대 밑 등 주방 공간별로 각각의 장소를 알차게 활용하기 위한 방법을 공개할 것이다. 시판되는 수납 도구의 선택 방법과 사용법 등 여러 가지 아이디어가 가득하다.

싱크대 밑 조리 도구의 수납 공간으로 안성맞춤이다. 필요한 것을 금방 꺼내 쓸 수 있도록 전체가 잘 보이게 배치해야 한다.

기본 원칙

선반을 만들어 위쪽 공간을 이용한다

냄비를 바닥에 늘어놓으면 남는 위쪽 공간이 아깝고, 밑에 있는 물건을 꺼낼 때도 불편한데, ㄷ자형 선반으로 위아래를 나눠 활용하면 문제를 해결할 수 있다.

ㄷ자형 선반도 여러 가지 유형이 있으므로 아래쪽에 넣을 물건의 높이를 확인하고 구입한다.

보통 가로 방향으로 사용하는 ㄷ자형 선반을 세로 방향으로 싱크대 밑에 넣고 케이블 타이 등으로 연결하면 구석까지 닿는 커다란 선반이 된다.

조리 도구는 한꺼번에 수납

조리 도구나 세제와 같이 작은 물건은 서류꽂이나 바구니에 한꺼번에 수납해 두면 편리하다. 필요한 것을 꺼내기 쉽고, 세트로 움직일 수 있어서 청소하기도 편리하다.

문 뒤쪽도 이용

문을 열면 필요한 것이 따라오게 만드는 것도 아이디어다. 선 채로 물건을 꺼낼 수 있는 '문 뒤쪽'은 최고의 수납 공간이다. 접착식 후크를 이용하여 작고 가벼운 것을 수납한다.

프라이팬은 바구니에

바퀴 달린 바구니에 프라이팬을 꽂아 두면 바닥도 지저분해지지 않고, 쉽게 넣고 꺼낼 수 있다. ㄷ 자형 선반으로 위쪽 공간도 이용해 보자.

가로로 긴 서류꽂이를 연결하여 프라이팬을 수납

프라이팬은 쌓아 놓는 것보다 세워 놓는 것이 사용하는 데 편리하다. 가로로 긴 서류꽂이를 케이블 타이 등으로 연결해 두면 잘 쓰러지지 않는다.

자루 달린 물건을 꽂을 수 있는 클립으로 자투리 공간을 활용

싱크대 밑에 자투리 공간이 있을 때는 자루가 달린 물건을 꽂을 수 있는 클립을 벽면에 붙여 망 등을 수납하는 것도 좋은 방법이다.

싱크대 문에 후크를 달아 간이 휴지통으로 이용

조리 도중에 나오는 쓰레기를 버릴 수 있는 간이 휴지통이 있으면 편리하다. 후크를 선택할 때는 비닐 봉지를 걸기는 쉽되 잘 빠지지 않는 것을 선택한다.

가스대 밑

유효 기간이 있는 조미료와 식품의 수납 공간으로 삼을 때는 반드시 모든 물건이 잘 보이도록 수납해야 한다.

기본 원칙

조미료는 사용하기 편한 위치에 모아 둔다

안쪽 끝까지 닿는 좁고 긴 슬라이드식 조미료 선반에 조미료를 모아 두면 내용물이 한눈에 들어와서 편리하다. 서랍 안에 작은 상자로 칸막이를 만들어 두면 꺼낼 때 쓰러질 염려도 없다.

서랍 밑에 식기 선반용 시트로 싼 마분지를 깔아 두면 위에 얹어 놓은 물건도 안정되고, 청소하기도 편하다. 자주 쓰는 조미료는 윗단에 수납하는 것이 꺼내 쓰기 좋다.

위쪽 공간을 활용

수납 도구 위쪽에 공간이 남아 있을 때는 자질구레한 것을 바구니에 담아 얹어 두면 쉽게 꺼내 쓸 수 있어 편리하다. 이때는 공간을 어느 정도 남겨 둠으로써 사용상의 편리를 고려한다.

슬라이드식 도구로 구석까지 활용

투명한 슬라이드식 도구를 사용하면 한눈에 볼 수 있고, 구석 공간까지 활용할 수 있다.

상자형 수납 도구로 공간을 나눠 식품을 수납

저장 식품을 수납할 때는 사진과 같이 케이스를 사용하는 것이 편리하다. 랩은 상자형 케이스에 세워서 수납한다.

서류 케이스의 측면에 네트용 바구니를 걸어서 작은 물건을 수납한다.

ㄷ자형 선반으로 공간을 활용

ㄷ자형 선반 위에는 분말류를 트레이에 얹어 서랍식으로 수납한다. 아래쪽에는 무거운 통조림을 수납하는데, 바퀴 달린 용기에 라벨이 보이도록 눕혀서 넣는 것이 포인트다.

서랍형 케이스 위에 바구니를 얹는다

의류를 수납하는 데도 좋은 서랍형 케이스는 주방에서도 유용하다. 여기에는 통조림 등을 보관하고, 위에는 바구니째 꺼낼 수 있는 조미료 세트를 얹으면 된다. 키가 큰 병은 길고 네모난 화분에 수납한다.

문 뒤쪽

문 뒤쪽은 필요한 것을 금방 꺼낼 수 있는 최고의 수납 공간이다. 그러나 움직이는 공간이므로 안전성을 고려해야 한다.

기본 원칙

문을 열고 닫을 때 쓰러지지 않도록 한다

문을 열고 닫을 때마다 수납되어 있는 물건이 서로 부딪치고 쓰러진다면 물건은 물론 문도 상한다. 가볍고 깨지지 않는 것을 흔들리지 않게 수납하는 것이 포인트다.

문을 닫을 때 안쪽 물건에 부딪치지 않도록 한다

문 뒤쪽에 수납한 물건이 선반에 있는 물건과 충돌하여 문이 닫히지 않으면 곤란하다. 여기에 물건을 수납할 때는 먼저 선반의 물건과 문 사이에 얼마만큼의 공간이 있는지 확인해야 한다.

자주 사용하는 물건은 지정석을 정해 둔다

찬장의 문 뒤쪽은 손이 쉽게 닿는 최고의 위치다. 그러므로 자주 사용하는 물건의 지정석으로 삼으면 좋다. 바구니를 적당한 크기로 잘라 후크로 고정한 뒤 종이 필터를 수납하는 것도 좋은 방법이다.

수건 걸이를 달아 조리 도구를 수납

국자 등의 조리 도구는 서랍에도 수납하기가 조금 어려운 물건이다. 싱크대 아래쪽 문 뒤에 수건 걸이를 달아 직접 꽂거나 수건 걸이에 선반용 후크를 부착하여 거는 방법이 있다.

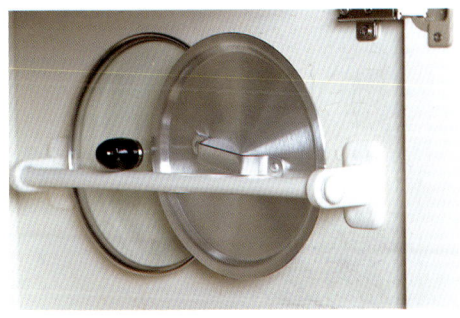

수건 걸이를 달아 냄비 뚜껑을 수납

냄비를 쌓을 때 방해가 되는 뚜껑의 수납 문제도 수건 걸이 하나로 해결할 수 있다. 뚜껑의 형태를 잘 보고 행거와 문 사이에 잘 꽂을 수 있도록 수건 걸이를 선택하면 된다.

쓰레기 봉지도 잘 보이도록 문 뒤에 수납

쓰레기 봉지를 보이지 않는 구석에 넣어 두면 쓸 때마다 번거롭지만 문 뒤쪽을 지정석으로 정해 두면 사용하기 편하다. 비디오 테이프 케이스를 양면 테이프로 붙이기만 하면 완성된다.

문 뒤쪽에 서류꽂이를 설치하고 냄비 뚜껑을 수납

그물 모양 서류꽂이의 위쪽 구멍 3개 정도를 이용하여 접착식 금속 후크를 건 뒤 문 뒤쪽에 붙인 다음 후크 끝을 손가락으로 눌러 고정한다.

세탁망을 압정으로 고정하여 비닐 봉지를 수납

모이기 시작하면 끝이 없는 비닐 봉지도 수납 공간을 확실히 정해 두면 안심 세탁망이기 때문에 수납해 놓은 양을 한눈에 알 수 있고, 문 뒤쪽이라서 방해되지도 않는다.

찬장

위쪽은 꺼내기 쉬운 물건을 수납하는 것을 우선으로 하고, 사용하기 편리한 아래쪽은 공간을 알뜰하게 활용해 보자.

자잘한 물건은 한꺼번에 빼낼 수 있게

찬장은 눈높이보다 높은 위치에 있으므로 물건을 바닥에 늘어놓으면 구석에 있는 것은 꺼내기가 번거롭다. 케이스나 바구니 등에 수납하여 한꺼번에 꺼낼 수 있게 하는 것이 포인트다.

손이 닿지 않는 위쪽에는 자주 쓰지 않는 것을 수납

잘 보이지도 않고 물건을 꺼내기도 어려운 위치이므로 꺼내기 쉽고 한눈에 보이도록 수납하는 것이 중요하다. 손잡이가 달린 케이스를 이용하고, 내용물을 알려 주는 라벨을 붙이면 된다.

기본 원칙

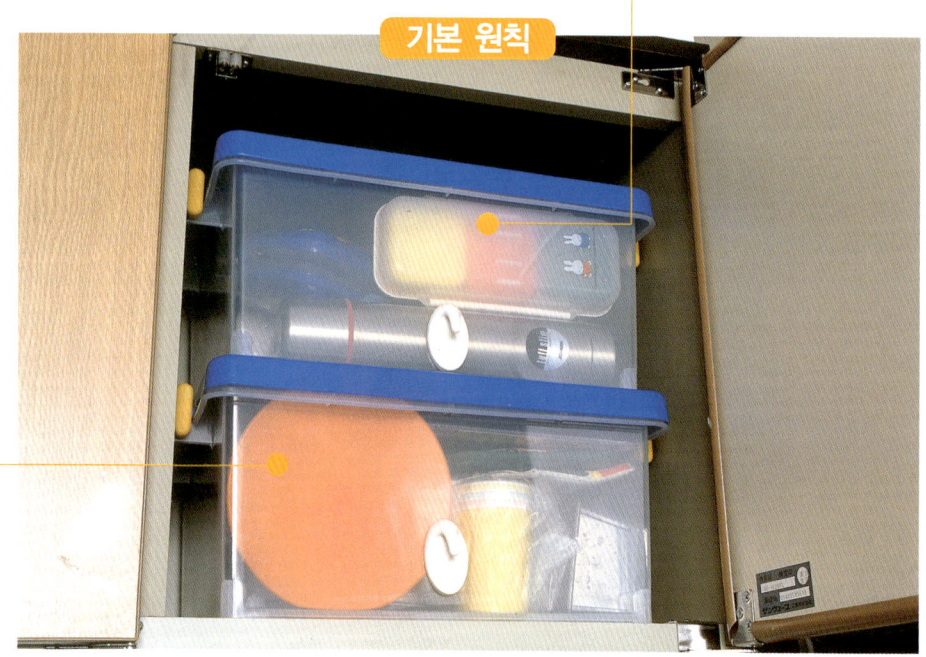

사용하기 편리한 하단에는 자주 쓰는 물건을 수납

찬장 하단은 물건을 쌓아 두는 곳으로만 사용하기에는 아까운 공간이다. 평소에 자주 사용하는 식품이나 조미료, 식기를 수납하는 장소로 활용하는 집도 많다.

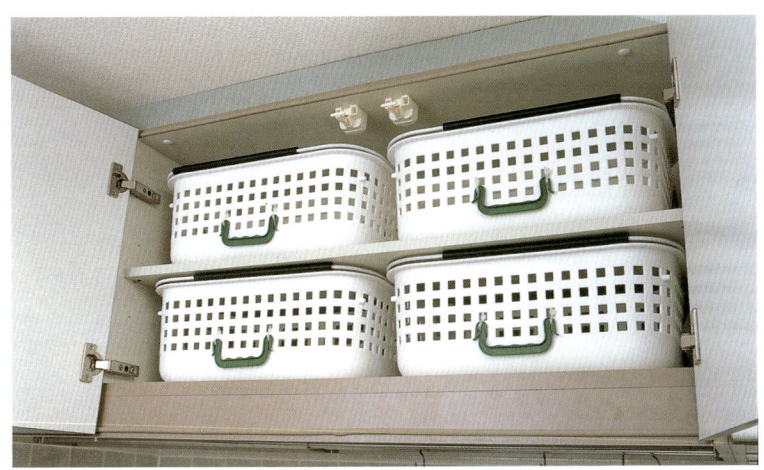

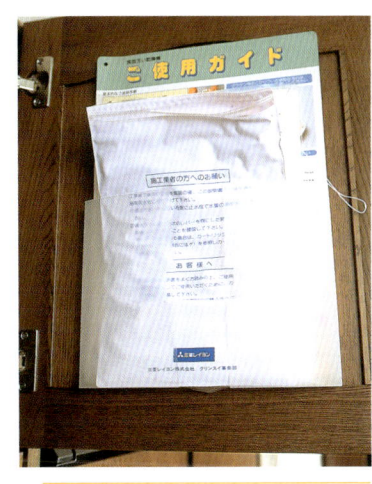

밀폐 용기는 바구니에 모아 넣고 손잡이를 단다

조리대 주변에 있는 귀중한 서랍을 밀폐 용기에 점령당해서는 안 된다. 밀폐 용기는 뚜껑을 닫은 채 바구니에 세워서 수납해야 한다. 바구니 앞면에 손잡이를 달아 두면 편리하다.

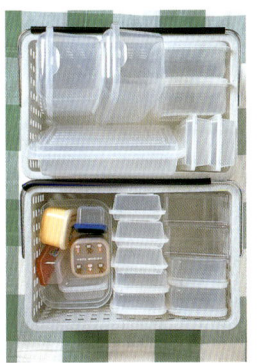

주방 용품 취급 설명서도 문 뒤쪽에 수납

식기 세척기나 정수기 등 주방에서 사용하는 기기의 취급 설명서는 주방에 두는 것이 편리하다. 한쪽 측면을 잘라 낸 비디오 테이프 케이스 2개를 문 뒤쪽에 양면 테이프로 붙여 포켓을 만들어 수납하면 좋다.

찬장에 부착하는 레시피 스탠드

주방에 요리 책을 펼칠 만한 여유 공간이 있으면 정말 편리하다.

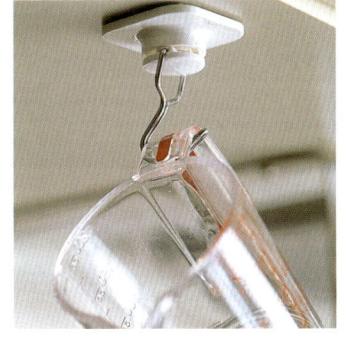

찬장의 아래쪽 면을 이용하여 물건을 건다

계량컵처럼 조리할 때 가끔씩 사용하는 주방 도구는 임시로 걸어 놓을 수 있는 후크가 있으면 요긴하다.

수건 걸이를 통풍이 잘되는 도마 수납용으로 이용

찬장 바닥에 수건 걸이 2개를 평행으로 설치하면 바람이 잘 통하는 도마 수납 장소가 완성된다. 생각지도 못한 장소가 멋진 수납 공간으로 변신한다.

서랍

수납할 물건의 크기에 맞춰 처음부터 칸을 나눠 두는 것이 포인트다. 어떻게, 왜 칸을 나누는지 꼭 참고한다.

상자 모양의 용기를 이용하면 편리

바구니나 작은 밀폐 용기 등 처음부터 상자 모양의 용기를 이용하면 칸을 나누기도 쉽고, 작은 잡동사니들을 수납하기도 편하다. 공간에 맞춰 상자 크기에 변화를 주거나 칸막이를 직접 만들면 더 완벽하다.

수납할 물건에 맞춰 칸을 나누면 공간의 낭비가 없다

무질서하게, 되는 대로 서랍에 물건을 집어넣으면 나중에 필요한 것을 찾기도 어렵고 꺼내기도 어렵다. 그러나 수납할 물건의 크기에 맞게 칸을 나누면 놀랄 만큼 많이 수납할 수 있다.

시판되는 종이 칸막이로 만든다

올록볼록한 틀에 칸막이 판을 끼워 넣는다. 특수 가공 처리된 종이 제품이기 때문에 가위로 잘라 자유자재로 만들 수 있다. 같은 종류의 물건을 한 칸에 함께 수납한다.

70

밀폐 용기로 도시락용 소품을 정리

반찬 담는 컵이나 소스 병과 같은 도시락용 소품은 크기가 작아서 없어지기 쉽다. 이때는 서랍 속에 작은 밀폐 용기를 넣어 칸막이로 삼으면 좋다. 물로 씻을 수 있다는 것도 장점이다.

서랍 속은 여유 있게 나눈다

정리를 한 뒤에도 같은 종류의 물건이 다른 곳에서 나올 때가 있다. 그러므로 처음부터 너무 철저하게 칸을 나누지 않는 것이 좋다. 일단은 대략적인 교통 정리가 목적이다.

비닐 봉지도 접어서 사용하기 편하게 수납

비닐 봉지와 쓰레기 봉지를 서랍에 수납할 때는 접어서 넣어 두면 1장씩 뽑아 쓸 수 있어 편리하다. 빈 상자에 분류해 수납하면 남은 양도 한눈에 알 수 있다.

서랍에 식기를 수납할 때는 칸막이로 보호

서랍에 컵이나 찻잔을 수납할 때는 수건을 깔고 서랍 폭에 맞춰 비닐 끈으로 바구니를 연결한다. 이렇게 하면 식기가 고정되어 서로 부딪칠 염려가 없다.

서랍 속 바구니 1개의 효과

하나의 서랍에 2~3종류의 물건을 수납하는 경우 바구니를 1개만 집어넣어도 수납 공간에 규칙이 생긴다. 바구니를 구석에 놓으면 그 앞과 옆을 유용하게 활용할 수 있다.

식기장

많은 양의 식기를 사용하기 편리하게 수납하는 것을 목표로, 세우고 쌓고 모으는 수납 기술을 연구해 보자.

작은 접시는 칸막이가 있는 바구니에 세워서 수납

바구니의 폭은 작은 접시의 폭과 거의 비슷하다. 비슷한 크기의 작은 접시가 몇 종류 있을 때는 바구니에 세워서 수납하면 쌓아 놓는 것에 비해 꺼내기가 쉬워 편리하다.

물기를 제거한 식기를 금속 바구니에 넣어 식기장으로 이용

아침 식사나 손님 대접용으로 주로 이용하는 접시는 금속 바구니에 모아 두면 식탁으로 옮기기 쉽다. 설거지해서 이 바구니에 말린 다음 그대로 식기장에 넣으면 된다.

바구니나 트레이에 모아 꺼내기 쉽게

트레이를 이용하면 구석의 물건도 꺼내기 쉽다

식기장의 하단이나 높지 않은 단의 경우에는 구석에 있는 물건을 꺼내기가 쉽지 않다. 이때는 트레이에 식기를 수납한 다음 통째로 빼면 문제를 해결할 수 있다.

압착봉 하나로 자투리 공간이 수납 공간으로 변신

식기장 상단 바로 앞에 압착봉을 고정하고 사진과 같은 쇠 걸이에 컵을 건다. 안쪽에 있는 물건을 꺼낼 때는 컵을 옆으로 이동 시키면 된다.

포크나 젓가락은 바구니에 나눠 담아 통째로 테이블에

포크나 젓가락은 종류별로 나눠 담아 식사할 때 통 째로 식탁에 올려놓으면 된다. 이 정도의 일은 아이 들도 도울 수 있다.

쿠션을 깐 서류꽂이에 접시를 수납

큰 접시는 서류꽂이 등에 세워서 수납하면 쉽게 꺼낼 수 있다. 파손 방지를 위해 케이스 바닥에 쿠션 테이프를 깔면 더욱 좋다.

1장씩 쿠션 봉투에 넣어 세워서 수납

큰 접시는 1장씩 쿠션 봉투에 넣어 식기장 아래쪽에 세워 수납하면 흠집이 나지 않고, 공간도 절약할 수 있다. 이렇게 하면 큰 접시도 평소보다 자주 꺼내게 된다.

에어 캡으로 만든 봉지에 큰 접시를 수납

파손될 염려가 있는 물건을 배달할 때 주로 이용되는 에어 캡으로 봉지를 만들어 큰 접시를 수납하는 것도 한 방법이다. 그 존재조차 잊어버리고 있던 식기도 수납 방법만 바꿔 주면 사용할 기회가 많아진다.

컵과 컵받침은 시계 방향으로 배치

6벌짜리 컵과 컵받침 세트는 컵받침 위에 컵 4개를 시계 방향으로 얹고, 앞쪽에 남은 컵 2개를 배치하면 식기장의 구석에도 수납할 수 있다.

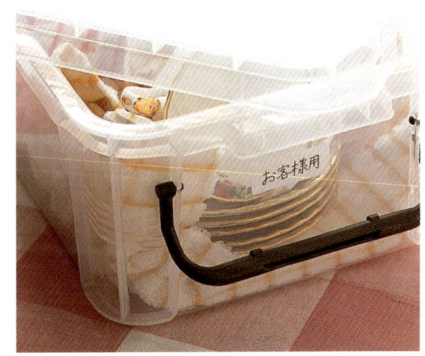

자주 사용하지 않는 식기는 빼 버린다

좀처럼 사용하지 않는 식기를 식기장에 수납하는 것은 공간 낭비. 대신 뚜껑이 있는 케이스에 넣어 내용물을 알 수 있도록 라벨을 붙여 냉장고나 선반 위에 올려놓으면 된다.

세트로 사용하는 것은 함께 수납하면 편리하다

홍차 통에 접착식 후크를 달고 찻숟가락과 세트로 수납했다. '세트로 사용하는 것은 가까운 곳에 둔다.' 이것 역시 수납의 기본이다.

냉장고

식품을 넣어 두는 공간인 만큼 청결이 가장 중요하다. 그렇기 때문에 무질서하게 물건을 마구 넣어서는 안 된다. 넣고 꺼내기 쉽게, 한눈에 보이도록 수납하는 것이 포인트다.

기본 원칙

같은 종류는 편의점 방식으로 배치

냉장고에 같은 종류의 식품을 여러 개 넣을 때는 편의점 방식으로 앞뒤로 배열하는 것이 포인트다. 가능한 한 많은 종류의 물건을 한눈에 볼 수 있도록 배치 방식에도 아이디어가 필요하다.

사진은 종이 팩으로 만든 병을 집어넣는 상자다. 자른 면에 투명 테이프를 붙인 다음 병을 세워 넣으면 된다.

서랍형은 위에서 잘 보이도록 세워서 수납

서랍형 냉동 칸이나 야채실은 필요한 것을 바로 꺼낼 수 있도록 포개지 않고 세워서 수납하는 것이 원칙이다. 북엔드(bookend)와 같은 버팀 도구를 넣어 칸막이로 사용하는 것도 한 방법이다.

참고로 얼려 놓은 밥처럼 같은 종류가 여러 개 있을 때는 '오른쪽에 넣고 왼쪽에서부터 먹는다'는 원칙을 세운다.

기본 원칙

비디오 테이프 케이스에 세워 넣는다

비디오 테이프 케이스의 입구를 위쪽으로 오게 하여 서랍형 냉동칸에 넣으면 아이스 바나 냉각제 등 자잘한 것들을 한꺼번에 잘 보이게 수납할 수 있다.

튜브류는 페트병에 세워서 넣는다

페트병의 아랫부분을 잘라 도어 포켓에 넣고 튜브류의 지정석으로 삼는다. 이렇게 하면 여기저기 분산되지 않게 한꺼번에 수납할 수 있어 편리하다.

물을 넣은 페트병에 야채를 보관

파슬리와 같이 향기가 나는 야채는 물을 뿌려 세워서 보관히는 것이 최선의 방법이다. 페트병의 아랫부분에 야채를 넣은 다음 랩을 씌우고 입구를 고무줄로 막아 냉장고의 도어 포켓에 세워 놓으면 된다.

야채는 바구니나 상자를 이용하여 가능하면 세워서 보관

사진은 바구니 2개의 입구를 맞대고 케이블 타이로 연결하여 위쪽 바구니의 바닥을 잘라 만든 깊숙한 바구니다. 우유팩을 이용해도 편리하다.

여러 가지 수납 아이디어

주방에는 수납하기 까다로운 물건들이 가득하다. 그러나 조금만 신경 쓴다면 깔끔하게 정리가 가능하다.

쟁반

서류꽂이를 이용하여 냉장고 위에 세워서 수납

쟁반과 밥상은 수납하기가 까다롭다. 그러나 냉장고 옆이 벽인 경우에는 세로형 서류꽂이를 연결하여 냉장고 위를 수납 장소로 삼으면 된다.

도마

수건 걸이 2개만 있으면 도마 수납 해결

도마를 수납할 때 찬장 바닥에 수건 걸이를 설치하면 수평으로, 벽에 설치하면 세워서 수납할 수 있다. 이 방법은 트레이나 도마, 널빤지처럼 두께가 얇은 물건을 수납하는 데 응용하면 좋다.

소쿠리 · 체

수건 걸이와 S자형 후크를 이용

수납하기 어려운 소쿠리를 과감하게 보이는 곳에 수납하는 것도 한 방법이다. 수건 걸이에 S자형 후크를 걸고 고무줄로 묶으면 흔들리지도 않고 떨어질 걱정도 없다.

채반 · 밥상

압착봉 안쪽에 세워서 수납

눕혀 놓으면 적지 않은 공간을 차지하고, 세워 놓으면 쓰러져 굴러다니는 채반과 밥상은 압착봉으로 울타리를 만들어 그 사이에 세워 두면 된다.

향신료 · 테이블센터

서랍이 부족할 때는 바구니를 서랍으로 이용

향신료나 테이블센터(tablecenter)처럼 같은 종류가 여러 개 있는 물건은 종류별로 바구니에 모아 세로 방향으로 선반에 얹어 놓는다. 후크를 부착한 바구니는 서랍 대용으로 사용할 수 있다.

종이 가방

캔맥주 상자를 간이 수납 선반으로 이용

사진은 캔맥주 상자의 입구를 컬러 테이프로 붙인 다음 자투리 공간에 쌓아 놓은 간이 수납 선반이다. 종이 가방뿐만 아니라 쟁반 등을 수납하는 데도 안성맞춤이다.

음식 재료 · 분말류

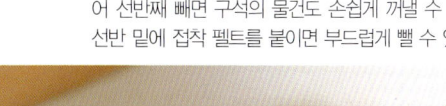

국멸치나 밀가루 등의 식품은 선반 위에 또다시 선반을 얹어 선반째 빼면 구석의 물건도 손쉽게 꺼낼 수 있다. 위쪽 선반 밑에 접착 펠트를 붙이면 부드럽게 뺄 수 있다.

작은 금속제 후크로, 손가락으로 눌러 고정이 가능하다.

크고 단순한 모양의 물건을 걸기 쉬우며 손잡이 대용으로도 사용할 수 있다.

벽뿐만 아니라 천장에도 부착하여 물건을 걸 수 있다.

접착식

언제 어디서나 안심하고 붙일 수 있는 접착식 후크

후크는 타일이나 유리, 스테인리스, 판자 등 표면이 평평한 벽에 사용할 수 있다. 단, 원하는 물건을 걸 수 있는지, 무게를 얼마나 견딜 수 있는지, 걸이 부분의 형태는 어떤지를 미리 확인하고 선택해야 한다.

접착 부분에 직접 스프레이를 뿌려 사용한다. 자국 없이 깨끗하게 벗겨 낼 수 있고 금방 마른다.

오래된 후크라도 접착 면을 새로 갈면 다시 이용할 수 있다.

자석식

금속 면에서 탈·부착과 이동이 자유롭다

냉장고나 철제 가구의 벽면에 사용할 수 있다. 먼저 하중을 확인하고 원하는 디자인을 선택한다.

일반적인 후크 외에도 클립형이나 고무줄 걸이 등 다양한 유형이 있다.

핀식

단단한 벽이나 벽지에 후크를 부착하고 싶다면 핀(pin)식을 이용

석고 보드나 벽지 등 접착식과 흡반식을 사용할 수 없는 벽면에는 핀식을 부착한다. 얇은 핀을 박아 고정하기 때문에 구멍이 아주 작다.

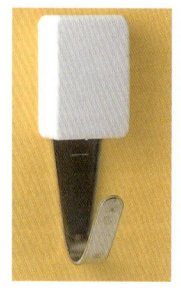

흡반(빨판)식

벽에 흠집을 내지 않고 간단히 탈·부착이 가능

하중을 확인하고 정확한 방법으로 붙이는 것이 중요하다. 무거운 물건을 걸고 싶을 때는 강력한 레버(lever)식이 좋다.

벽에 보조 판을 붙이면 흡반을 밀착시키기가 더 쉽다.

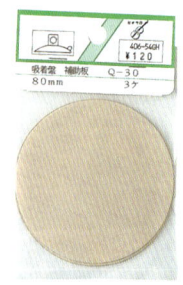

흡반과 바구니를 이용한 편리한 수납 공간

생활 용품을
보기 좋게 수납한다

벽장이나 수납장, 신발장 등 가족이 함께 사용하는 생활 용품 보관 장소는 누구나 알기 쉽게 수납해
두어야 한다. 그러나 이런 공간은 대부분 문에 가려지기 때문에 자주 열어 보지 않으면 물건이 있는
장소를 잊어버리기 쉽다. 자주 사용하지 않는 물건은 더더욱 말할 것도 없다. 이럴 때 떠올려야 할
것이 바로 수납의 기본 원칙이다.

'사용하는 장소에서 가까운 곳에, 사용 빈도와 무게에 맞춰 수납한다.' 이 원칙에 따라 수납 장소를
정하면 물건의 위치를 금방 알 수 있다. 물건을 수납할 수 있는 공간은 매우 중요하다. 그런 공간을
알뜰하게 활용하면 보이는 곳에 지저분하게 나와 있는 물건들을 대폭 줄일 수 있다.

벽장 수납의 기본 원칙

혹시 벽장이 물건을 쌓아 놓는 창고로 전락해 있지는 않은가? 그러나 넓은 수납 공간이 있는 벽장을 잘 활용하면 집 전체가 깨끗하게 정돈된다. 그럼 지금부터 구석구석까지 한눈에 들어오는 벽장으로 바꾸는 방법을 공개한다.

✱ 각 단별로 주의해야 할 사항

사용 빈도가 낮은 물건은 꺼내기 쉽게 수납

손이 닿지 않거나 구석이 보이지 않고, 물건을 넣고 꺼내기가 어려운 맨 윗단은 사용 빈도가 낮은 물건의 보관 장소로 알맞다. 물건을 바닥에 늘어놓지 말고 케이스에 한꺼번에 모아 넣음으로써 꺼내기 쉬운 형태로 수납해 본다.

자주 사용하는 것을 넣고 꺼내기 쉽게 수납

선 채로 물건을 넣고 꺼낼 수 있는 상단은 벽장에서도 가장 좋은 위치이므로 알뜰하게 활용하는 것이 중요하다. 의류나 이불 등 자주 사용하는 것을 수납한다.

습기 대책도 잊지 않는다

습기는 밑으로 갈수록 많이 끼지만 이불을 수납하는 단은 비록 위쪽이라도 주의해야 한다. 바닥뿐만 아니라 옆면에도 방습 시트나 발을 깔아 준다.

이동식 수납 도구를 사용하면 청소하기 편하다

먼지가 쌓이기 쉽고 구석의 물건을 꺼내기 어려운 단이므로 도구를 이용하여 수납한 물건을 한꺼번에 뺄 수 있게 만드는 것이 포인트다. 상단 다음으로 사용하기 편리한 위치다.

서랍형 수납 케이스는 눈높이보다 아래쪽에 둔다

내용물을 보고 고를 수 있는 투명한 서랍형 수납 케이스는 눈높이보다 위쪽에 설치하면 발판이 필요해서 불편하다. 수납 도구에도 적재적소가 있음을 기억한다.

인형

물려줄 옷

엄마   아빠

파자마   목욕타월

시트   담요

각 단별 수납

무엇을 어디에 수납할지를 정할 때는 '사용 빈도와 무게에 따라' 결정하는 것이 원칙이다. 사용 빈도가 높은 물건일수록 넣고 꺼내기 쉬운 위치에 수납한다. 벽장에 물건을 수납할 때의 우선 순위는 상단, 하단, 맨 윗단순이다. 가령 침실 벽장이라면 매일 사용하는 침구는 상단에, 일 년에 몇 번만 사용하는 손님용 이불은 맨 윗단에 수납한다. 이불은 꼭 상단에 수납해야 한다고 정해진 원칙은 없다. 또 하나, 무게에도 주의해야 한다. 무거운 물건은 아래에, 가벼운 물건은 위에 수납하는 것이 기본이다. 그러면 이제부터 사용 빈도와 무게를 고려하여 물건의 수납 장소를 정해 보자.

맨 윗단

맨 윗단에는 이런 것을 넣자!

자주 쓰지 않는 물건이나 가벼운 물건의 수납에 알맞다. 자질구레한 물건은 상자나 수납 케이스에 담아 두면 넣고 꺼내기 쉬울 뿐만 아니라 구석까지 공간을 활용할 수 있다. 이름표를 붙이거나 투명한 케이스에 넣으면 내용물을 바로 알 수 있어 편리하다.

아이의 작품과 같은 추억의 물건도 상자를 준비하여 수납해 두면 소중하게 보관할 수 있다.

계절에 영향을 받는 장식품 역시 습기가 적은 이곳에 수납하는 것이 좋다.

자주 사용하지 않는 데다 부피도 큰 수트케이스도 맨 윗단에 넣는다. 안에 안 입는 옷을 함께 넣어도 된다. 습기가 적은 맨 윗단은 이불을 수납하기에도 좋다.

보관용이나 계절에 맞지 않는 이불은 낡은 시트 등에 싸서 보관한다.

자주 들춰보지 않는 오래된 앨범은 꺼내 놓으면 방해만 되므로 이곳에 수납한다.

상단에는 이런 것을 넣자!

가장 사용하기 편한 상단은 사용 빈도가 높은 물건과 파손되기 쉬운 물건을 수납하는데 적격이다. 매일 넣고 꺼내는 이불은 가능하면 이곳에 수납하는 것이 좋다. 이불을 수납하는 공간이 필요하지 않은 집에서는 공간을 잘 나눠 옷장처럼 사용해도 좋다.

평소에 사용하는 이불은 가능하면 하단보다는 상단에 수납하는 것이 좋다. 습기가 적은 데다 넣고 꺼내기도 편리하다.

손님이 많은 집의 경우 자주 방문하는 손님용 이불을 이곳에 수납한다. 바로 꺼낼 수 있어 편리하다.

옷장과 같은 감각으로 옷을 걸어 놓는다. 한눈에 볼 수 있어 관리하기 쉽다.

앨범을 자주 펼쳐 보는 집은 상단을 책꽂이처럼 이용하는 것도 좋다. 아이들도 쉽게 꺼낼 수 있다.

상단에 의류를 수납할 때는 옆쪽에 벨트나 스카프, 모자 등의 소품을 수납하면 더욱 편리하다.

하단에는 이런 것을 넣자!

상단에 수납한 것보다 사용 빈도가 낮고 다소 무거운 물건을 넣는다. 재봉틀이나 다리미, 다리미판을 비롯하여 계절이 지난 전기 제품도 이곳에 수납하면 된다. 바퀴 달린 수납 도구를 사용하면 청소하기도 쉽고 편리하다.

다리미와 다리미판은 금방 꺼낼 수 있도록 하단 바로 앞에 넣어 두면 편리하다.

재봉틀과 바느질 도구도 떨어질 염려가 없어서 안심이다. 꺼내기 쉬운 순서로 수납한다.

서랍식 케이스 등에 평상복을 수납한다. 아이들도 넣고 꺼내기 쉽다.

스토브나 팬히터, 제습기, 가습기 등 특정 계절에만 사용하는 전기 제품을 수납한다.

청소기는 바로 사용할 수 있도록 분해해 두지 않는 것이 편리하다. 벽장에 수납하는 경우에는 하단에 둔다.

벽장은 이런 순서로 정리한다

벽장에는 일 년에 단 한 번도 사용하지 않는 물건이 많다. 그러나 소중한 수납 공간인 벽장을 내버려두기에는 너무 아깝다. 일단 수납한 물건을 정리한 다음 구석까지 잘 보이는 벽장으로 바꾸어 보자. 욕심이 앞선 나머지 지나치게 무리하지 말고 한 단씩 차례차례 작업하자.

1 필요한 물건과 불필요한 물건을 선별하고 처분한다

맨 윗단, 하단, 상단의 순서로 각 단별로 1~5의 작업을 반복하라. 우선 그 단에 들어 있는 것을 꺼낸 다음 '필요한 것'과 '불필요한 것'으로 나눈다. 확실히 구분이 안 되는 물건은 일단 자루에 집어넣는다.

2 텅 빈 벽장을 깨끗이 청소한다

청소기로 구석구석까지 먼지를 빨아내고, 물기를 꼭 짠 걸레로 닦은 다음 문을 열어 놓고 말린다. 곰팡이가 걱정될 때는 소독용 에탄올을 뿌리고 말리면 안심.

3 벽장의 길이를 잰다

번거로운 작업 같지만 물건의 수납 방법을 생각하거나 수납 도구를 구입할 때 꼭 필요한 것이 바로 가구의 크기다. 벽장은 정면에서 보는 폭과 내부의 크기가 다르다. 다음 쪽을 참고하여 길이를 재 둔다.

4 깔판과 신문지로 습기를 제거한다

벽장용 깔판을 깔고 그 밑에 둥글게 만 신문지를 넣으면 습기를 제거하는 데 좋다. 특히 벽장은 이슬이 맺히기 쉬우므로 깔판이나 이슬 방지 시트를 이용한다.

5 '필요하다'고 생각되는 물건은 원래 있던 장소에 놓는다

마지막으로, 필요하다고 생각되는 물건은 종이 가방에 넣어 원래 있던 곳에 놓아라. 다른 단으로 옮기고 싶은 물건은 그 단에 놓으면 된다. 이것으로 수납한 물건의 정리도 끝이다.

6 수납 도구를 활용하여 물건을 수납한다

이제부터는 단별로 수납 공간을 만드는 방법을 자세히 소개할 것이다. 각각의 위치와 수납하고 싶은 물건에 알맞은 도구를 사용하면 공간을 구석구석 활용할 수 있다.

> 깔끔하고 사용하기 편리한 벽장으로!

✽ 수납 도구에 맞춰 크기를 확실히 잰다

벽장에 사용하는 도구는 크게 4종류

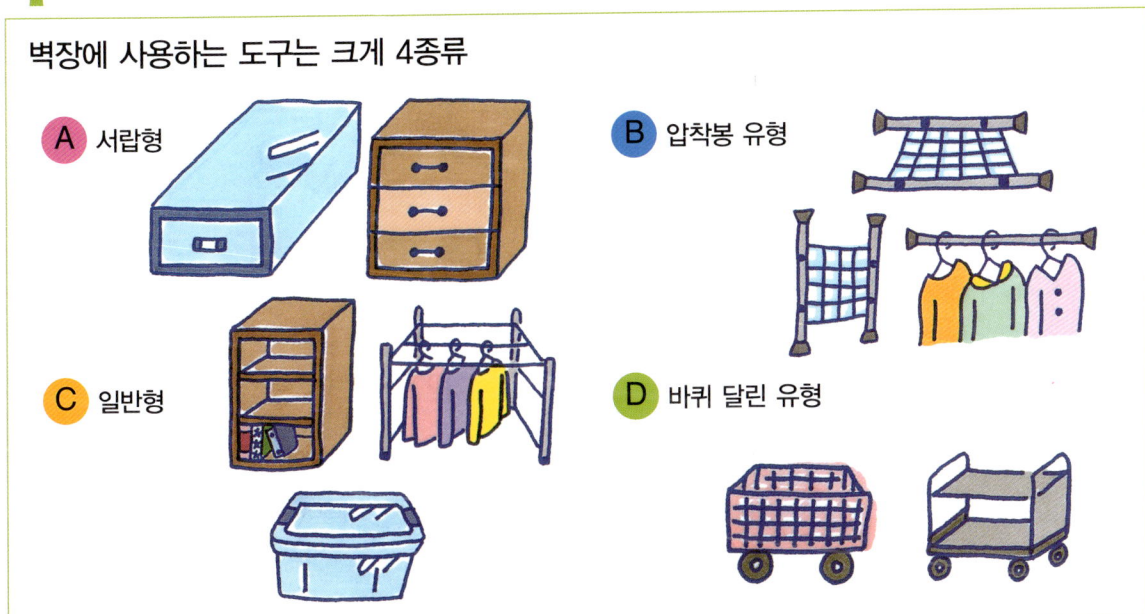

A 서랍형

B 압착봉 유형

C 일반형

D 바퀴 달린 유형

4가지 수납 도구 유형별로 벽장에서 길이를 재야 하는 장소를 정리했다. 만약 안쪽에 미닫이문이 있다면 한쪽으로 밀어 놓고 잰다. 갈색으로 칠한 테두리 부분을 회랑퇴라고 한다.

높이(H)

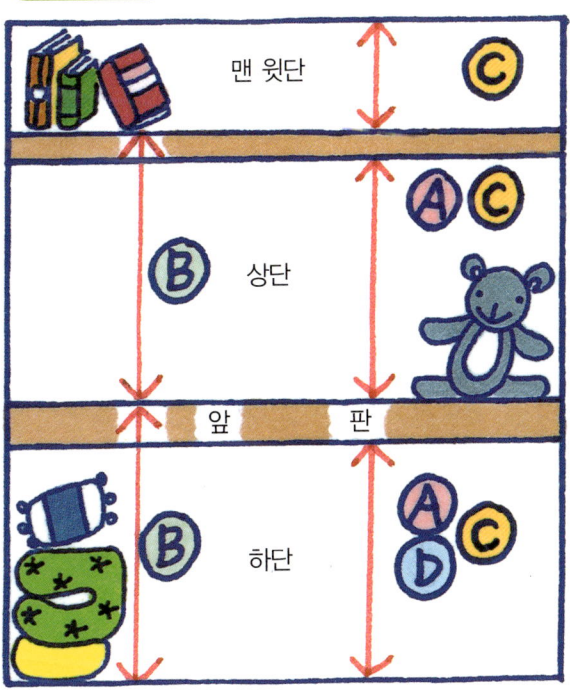

맨 윗단 **C**

상단 **A C** **B**

앞 판

하단 **B** **A D C**

안 길이(D)

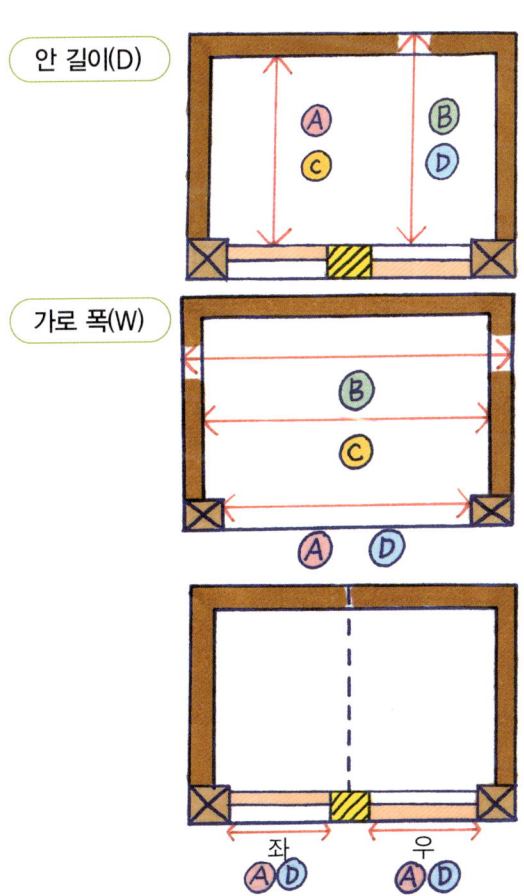

A **B**
C **D**

가로 폭(W)

B
C

A **D**

좌 **A D**   우 **A D**

벽장 수납 아이디어 모음

어떤 수납 도구로 어떻게 수납해야 각 단을 잘 활용할 수 있을까? 그럼 지금부터 그 방법들을 알아 보자.

맨 윗단

넣고 꺼내기 어려운 장소이므로 수납에 더욱 주의를 기울여야 한다.

기본 원칙

모포나 담요는 전용 케이스에 넣어야 공간을 덜 차지한다. 시판되는 압축 백을 이용하면 이불도 맨 윗단에 넣을 수 있다. 때도 타지 않고 한꺼번에 꺼낼 수 있어서 편리하다.

케이스에 넣거나 천으로 싸서 꺼내기 쉽게 한다

맨 윗단의 구석에 수납하는 물건에 끈을 달아 두면 쉽게 꺼낼 수 있다.

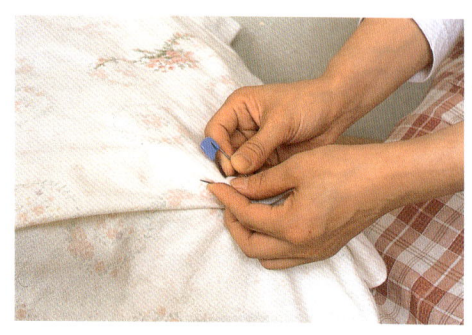

평소에 별로 사용하지 않는 이불은 하단보다는 습기가 적은 맨 윗단에 수납하는 것이 좋다. 오래된 시트 등에 싸서 안전핀으로 고정해 두면 때가 타지 않고, 넣고 꺼내기도 편하며 흠집도 생기지 않는다.

직사각형 모양의 수납 도구로 구석까지 활용

맨 윗단은 특히 구석에 물건을 수납한 채 잊어버리기가 쉽다. 그러므로 직사각형 모양의 케이스를 이용하여 공간을 활용하는 것이 좋다. 습기와 벌레를 막는 밀폐형 케이스를 추천한다.

서랍 케이스의 뚫린 부분을 앞쪽으로 오게 넣으면 칸막이 겸 수납 도구로 사용할 수 있다. 그 속에 비닐 가방이나 천 가방을 잘 접어 수납하면 공간도 많이 차지하지 않고 깔끔하게 정돈된다.

서랍 케이스의 틀과 서랍을 나눠 사용해도 좋다. 틀은 입구를 앞쪽으로 오도록 놓고 가방을 수납해 보라. 서랍 부분에 물건을 넣어 두면 구석에 수납한 물건도 쉽게 꺼낼 수 있어 편리하다.

이불을 수납하는 경우

기본 원칙

평소에 사용하는 이불은 한곳에 수납

이불은 잠자는 곳 가까이 수납하는 것이 기본이다. 앞에서도 말했지만 같은 종류의 물건을 분산시키지 않는 것은 중요한 수납 원칙이다. 물론 베개와 잠옷도 가까운 곳에 수납한다.

습기 방지를 잊지 않는다

벽장 조건에 따라 바닥뿐만 아니라 옆면에도 습기가 서리지 않게 해야 한다. 깔판을 옆면에 고정할 때는 나무못형 후크를 부착하고 깔판을 묶은 끈을 걸면 된다. 신문지를 사용하면 방습 효과가 높아진다.

평소에 사용하지 않는 이불은 자루에 넣어 세워서 수납

이불을 수납함에 있어 쌓아 놓는 방법만 있는 것은 아니다. 공간 낭비를 줄이기 위해 부직포 자루에 넣어 구석에 세워 두는 것도 한 방법이다. 이불 자루를 이용하면 때도 잘 타지 않고 해충도 막을 수 있으며 다루기도 쉽다.

이불이 적을 때는 밑에 서랍식 케이스를 넣어 바닥을 높인다

수납할 이불의 양이 적으면 남아도는 위쪽 공간이 아깝다. 이때는 바닥에 서랍식 케이스를 넣어 빈 공간을 알뜰히 활용하면 된다.

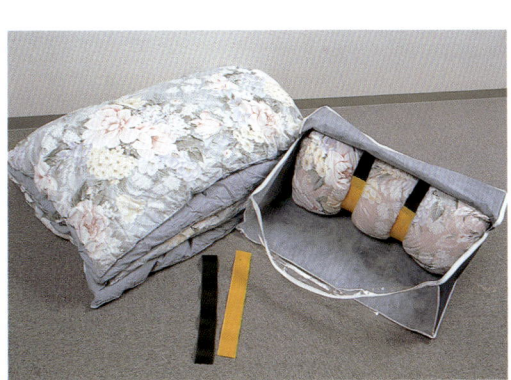

부피가 큰 오리털 이불은 압축하여 이불 가방에 수납

주로 겨울에 사용하는 오리털 이불을 수납하는 것은 골치 아픈 일이다. 이럴 때는 사진처럼 이불을 손상시키지 않는 매직 테이프를 준비하여 양면을 연결해 개킨 이불을 묶어 이불 가방에 수납하면 두꺼운 겨울 이불의 부피가 확 줄어든다.

기본 원칙

앞과 뒤로 나눠 수납하자

안이 깊은 벽장에 이불이 아닌 다른 물건을 수납하고 싶을 때는 공간을 앞뒤로 나눠 활용하는 것이 포인트다.

옷을 걸고 싶을 때는 벽장을 흠집내지 않는 도구를 고른다

상단을 옷장처럼 사용하고 싶을 때는 이런 도구가 편리하다. 벽장에 흠집을 내지 않으면서도 높이와 폭 조절이 가능하다.

NG 이것만은 피하라

어중간한 공간은 임시 보관처가 되기 쉽다

벽장에 옷을 걸고 나면 안쪽으로 약 20～25cm 정도 되는 공간이 남으므로 봉을 설치할 때는 위치에 주의해야 한다. 한가운데나 안쪽으로 치우치게 설치하면 앞쪽에 빈 공간이 생겨 물건을 방치하게 되는 임시 보관처로 전락할 수 있다.

상단 전체를 옷장으로 사용

벽장의 상단 전체에 옷을 걸고 싶을 때는
압착봉과 지지봉을 이용하면 편리하고 안정
감이 있다.

옷을 앞쪽으로 뺄 수 있는 행거를 단다

서랍식 행거를 이용하면 안쪽 끝까지 유용
하게 활용할 수 있다.

컬러 박스나 골판지 상자로 안쪽에 선반을 만든다

안쪽에 골판지 상자나 컬러 박스를 넣으면 공간이 크게 나눠져 사용
하기 편리하다. 그런 다음 앞쪽에 압착봉을 설치하면 앞뒤를 활용할
수 있는 이상적인 수납 공간이 된다.

하단

위치가 낮아 안쪽을 사용하기 어려운 하단은 구석까지 활용할 수 있도록 수납 도구를 잘 선택하는 것이 포인트다.

앞뒤를 나눠 수납 도구를 사용하는 경우

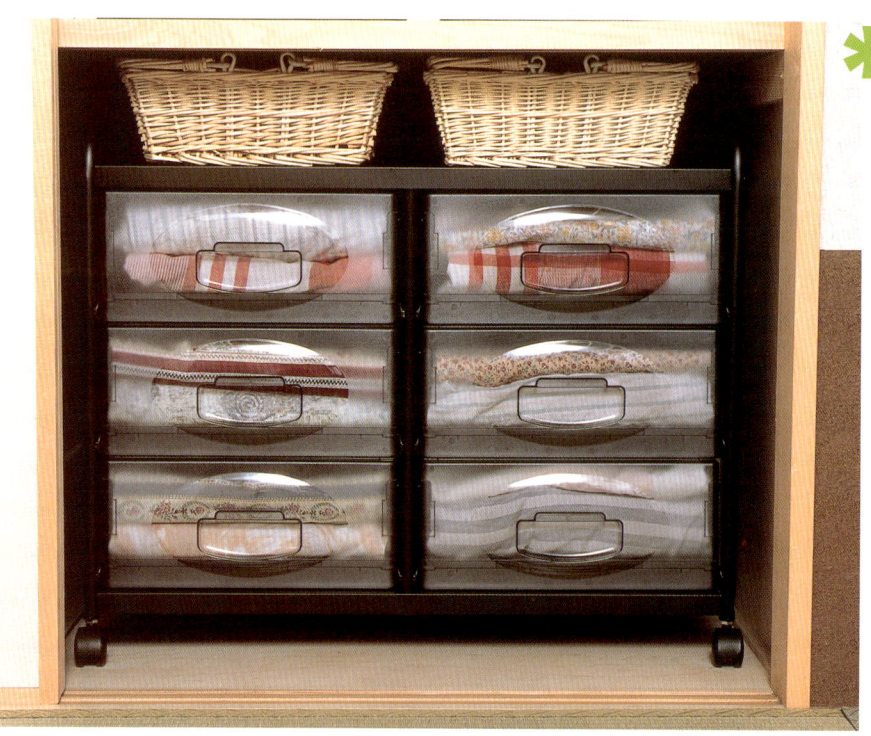

✳ 앞쪽에는 바퀴 달린 왜건을 이용한다

앞쪽에는 바퀴 달린 왜건을 이용

바퀴 달린 수납 도구는 바닥과 연결된 하단의 앞쪽에 사용한다. 벽장 안쪽을 앞뒤로 나눠 사용하는 경우에는 앞쪽에 바퀴 달린 수납 도구를 이용하면 편리하다. 앞쪽 케이스를 빼내면 구석의 물건을 쉽게 꺼낼 수 있고 청소도 간단하다.

바퀴 달린 케이스를 조합하여 이용

폭이 다른 두 종류의 바퀴 달린 케이스를 조합해서 사용해도 된다. 안쪽 길이와 높이에 유의해서 안쪽 나무 틀에 부딪치지 않고 부드럽게 빼낼 수 있는 것을 선택한다.

정면에 두 대, 또는 앞뒤로 두 대를 배열할 수 있는 바퀴 달린 수납 왜건이다. 계절이 바뀌어 옷을 정리할 때는 왜건의 위치만 바꿔주면 되므로 편리하다.

약이나 공구 등 자잘한 물건을 수납할 때는 작은 서랍이 편리하다.

✳ 구석에는 선반을 단다

양옆이 고정되어 있는 경우에는 널빤지 3장으로 간단히 선반을 만든다

양옆이 고정되어 있는 경우에는 양면 테이프로 같은 크기의 널빤지 2장을 옆면에 붙인 다음 그 위에 널빤지를 얹으면 선반이 된다. 튀어나온 안쪽 나무 틀 부분에는 다리 역할을 하는 널빤지를 그만큼 자르거나 사진처럼 끼워 넣는다.

컬러 박스를 눕혀 선반을 만든다

3단 컬러 박스는 눕혀야만 하단에 넣을 수 있다. 눕혀 놓으면 선반 위에도 물건을 얹을 수 있다.

🅝🅖 이것만은 피하라

어중간한 길이의 케이스는 공간을 오히려 지저분하게 만든다

서랍형 케이스의 앞쪽에 공간이 있으면 자연스레 물건을 수납하게 되고, 그렇게 되면 서랍을 뺄 때마다 앞에 있는 물건을 치워야만 한다. 벽장 안쪽 길이에 맞는 수납 도구를 선택해야 한다

자투리 공간이 생기지 않도록 수납 도구를 잘 선택

안쪽 길이에 맞는 서랍형 케이스를 꽉 차게 배치하여 서랍장으로 만드는 것도 한 방법이다. 안쪽 나무 틀에 부딪치지 않고 서랍을 뺄 수 있도록 케이스의 선택과 배치에 주의한다.

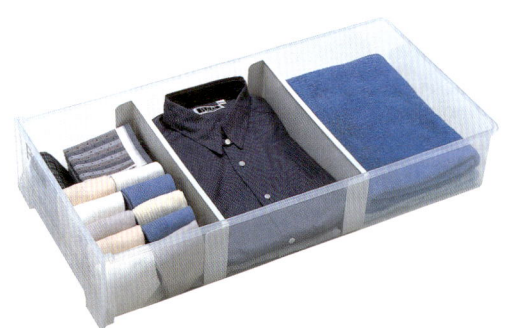

규격 케이스에 전용 칸막이를 넣는다

규격 케이스에 전용 칸막이를 넣어 공간을 나누면 양말이나 티셔츠도 세워서 수납할 수 있다.

왜건의 측면이 정면에 오게 배치

문을 열었을 때 깔끔해 보이게 하려면 왜건의 측면이 앞으로 오게 배치한다. 바퀴가 달려 있어서 물건을 간단히 꺼낼 수 있다. 디자인과 크기를 잘 선택하자.

옷장에

서랍형 케이스는 아래 사진에서도 볼 수 있듯이 그 크기가 매우 다양하다. 속에 어떤 물건을 넣느냐에 따라 적당한 것을 선택하여 정리하면 깔끔하게 수납이 가능하다.
(단위는 cm)

규격 케이스 옷장

나사형 바퀴를 달면 사용이 훨씬 편리해 진다.

23 / 53 / 39

벽장에

규격 케이스(slim)

18 / 74 / 39

규격 케이스(long)

23 / 74 / 39

규격 케이스(deep)

30 / 74 / 39

규격 케이스(slim L)

18 / 74 / 44

규격 케이스(long L)

23 / 74 / 44

규격 케이스(deep L)

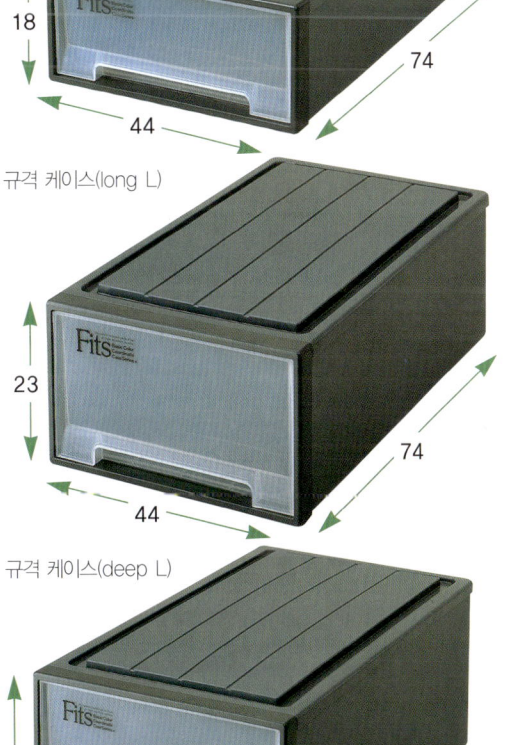

30 / 74 / 44

다용도실·화장실 수납 아이디어 모음

'수납 장소는 사용 장소 옆에.' 화장실이나 다용도실과 같은 제한된 공간에도 이 원칙이 적용된다. 특히 다용도실과 화장실은 먼지가 쌓이기 쉬운 공간이므로 청소하기 편하게 수납하는 것이 좋다.

세탁기 주변

티슈는 쉽게 사용할 수 있는 곳에

여기저기 굴러다니기 쉬운 티슈는 전용 홀더로 건조기 옆에 고정해 두면 편하다. 세탁기와 건조기에 묻은 먼지를 눈에 띄는 대로 닦아 낼 수 있다.

후크 하나로 티슈 상자를 벽에 고정

선반의 측면이나 벽에 금속 후크를 달고 티슈 상자에 구멍을 뚫어 꽂기만 하면 된다.

세탁기 옆면에 자석 바구니를 부착하여 세제 보관함으로 이용

세탁기 옆 공간을 활용하여 세제를 수납해 두면 쉽게 사용할 수 있다. 빨래집게는 그물망에 넣어 가끔씩 세제를 푼 물에 씻어 그대로 말리면 항상 깨끗하게 쓸 수 있다.

스웨터용 건조 네트는 조립한 채 걸어 둔다

스웨터를 자주 세탁하는 계절에 전용 건조 네트를 사용할 때마다 조립해야 한다면 매우 번거로울 것이다. 이때는 조립한 채 벽에 걸어 두면 편리하다.

세탁기에 수건 걸이를 부착하여 걸레를 건다

젖은 걸레를 마땅히 수납할 곳이 없을 때는 수건 걸이로 해결하면 된다. 세탁기 아래쪽에 수건 걸이를 부착해 두면 필요할 때 쉽게 사용할 수 있다.

접이식 건조대는 전용 수납 공간을 마련

사용 빈도가 높은 접이식 건조대는 다른 물건에 흠집을 낼 수 있기 때문에 전용 수납 장소가 있어야 한다. 세탁기 옆에 자석 바구니를 부착하여 수납하면 넣고 꺼내기 쉽다.

세탁기 주변

세탁기 주변과 세면대 위는 특히 청결이 중요한 공간이다. 그런 만큼 선반을 만들어 여기저기 어지럽혀져 있는 물건을 잘 정리하면 깔끔해진다.

NG 이것만은 피하라

수납하지 못한 물건을 여기저기 늘어놓는다

혹시 바닥에는 쓰다 만 세제가, 세면대에는 화장품과 헤어 밴드가 먼지를 뒤집어쓴 채 놓여 있지는 않은가? 이대로 두면 쉽게 사용할 수도 없고, 구석구석 청소하기도 어렵다. 이때는 우선 수납 공간부터 만들어라.

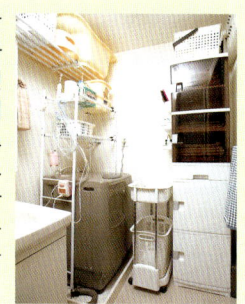

세면대 주변

위쪽 공간을 이용하여 수납 장소를 늘린다

수납 공간이 없다고 포기하지 말자. 세면대 위에 압착봉을 설치하여 바닥에 어지럽게 늘어놓았던 것들을 머리 위에 수납하는 방법이 있다. 작은 물건은 바구니에 모아 놓으면 편리하다.

세면대 밑

선반을 만들어 종류별로 바구니에 수납

널빤지 2장을 양면 테이프로 양옆에 붙이고, 그 위에 널빤지를 얹어 선반을 직접 만들어 보라. 비누와 같은 소모품은 종류별로 모아 두면 남은 양을 한눈에 알 수 있어 편리하다.

같은 종류는 한곳에 수납

헤어 용품이나 치아 용품은 종류별로 모아 두면 무엇이 얼마만큼 남아 있는지 한눈에 알 수 있다. 서류꽂이나 바구니 등을 이용하여 세워서 수납한다.

수납하기 어려운 물건도 후크를 사용

콘센트가 거추장스러운 헤어드라이어도 후크에 걸어 두면 깔끔하다. 사용한 뒤에 전선을 감아 문 뒤쪽의 큰 후크에 걸어 놓으면 된다.

문 뒤쪽에 후크를 달아 소품 지정석으로 한다

작은 접착식 후크를 문 뒤쪽에 달고 세면대에서 자주 사용하는 소품의 지정석으로 삼으면 편리하다. 후크 1개에 소품 1개로 정해 두는 것이 좋다.

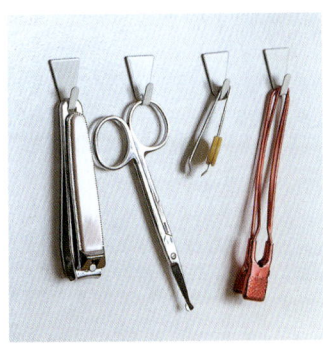

자잘한 헤어 용품도 한곳에 수납

문 뒤쪽에 후크를 단 다음 헤어 밴드 등을 걸고 후크에 바구니를 걸어 브러시 수납함으로 사용해 보자. 헤어 용품의 지정석을 정해 두면 세면대 주위가 지저분해지지 않아서 좋다.

101

세면대 수납장

수건 걸이와 S자형 후크로 빨래 건조 용품을 수납

위쪽 문틀을 빨래 건조대로 활용할 수 있는 도구도 모아서 수납한다. 문 뒤쪽에 수건 걸이를 부착해 두면 S자형 후크를 걸 수 있다.

이불을 말릴 때 사용하는 스타킹도 묶어 둔다

베란다에서 이불을 말릴 때 낡은 스타킹으로 묶어 두면 바람이 강한 날도 날아가거나 떨어질 염려가 없어서 안심이다. 다 쓴 뒤에는 문 뒤쪽의 수건 걸이에 가볍게 묶어 놓으면 된다.

세제와 세탁 용품도 한곳에 모아 둔다

세제는 정해 놓은 수납 공간에 모아 두되, 너무 많아지지 않도록 주의한다. 빨래판이나 솔은 후크에 걸어 놓으면 된다.

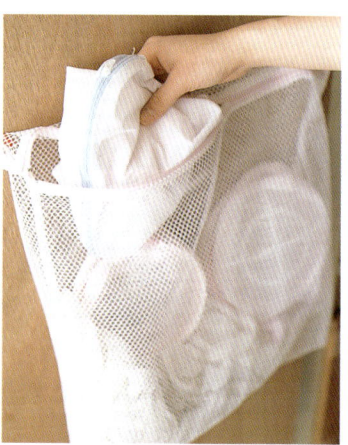

세탁망은 세탁망에 넣어 문 뒤쪽에 건다

문 뒤쪽에 압정으로 세탁망을 고정하여 세탁망을 수납하는 데 이용해 보자. 바람도 잘 통하고 원하는 물건을 찾기도 쉬워 편리하다.

변기 주변

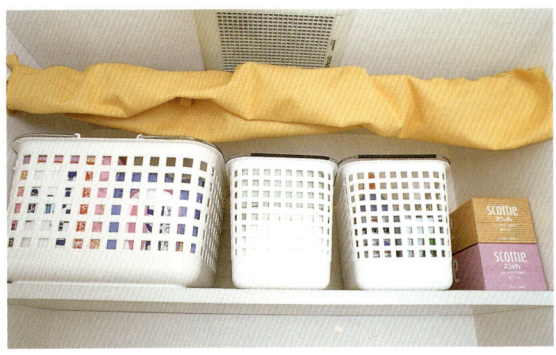

압착 선반을 부착하고 압착봉에 커튼을 건다

수납 공간이 별로 없는 변기 주변에 휴지와 청소 용품을 수납할 때는 압착 선반을 이용하는 것이 좋다. 압착봉에 예쁜 커튼을 달아 고정하면 장식 효과도 있고 깔끔하다.

문 위쪽에 압착 선반을 달고 천으로 싼 상자에 수납

문 위쪽은 의외로 눈에 띄지 않아 마음껏 활용할 수 있는 장소다. 압착 선반을 달고 천으로 싼 캔맥주 상자에 물건을 수납하면 훌륭한 수납 공간이 된다.

압착 선반에 바닥 판을 깔아 얹어 둔 물건이 보이지 않게

얹어 놓은 물건을 밑에서 보이지 않게 하려면 상자나 바구니에 수납하는 것도 좋지만 바닥 판을 만들면 더욱 좋다. 바닥 판은 두꺼운 종이에 목공용 본드를 바른 다음 천으로 감싸 만들면 된다.

현관 수납 아이디어 모음

집의 얼굴이라고 하는 현관. 그러나 신발과 우산 등으로 뒤죽박죽 엉켜 있지는 않은가? 편리하고 정돈된 현관을 목표로, 수납 기술을 발휘하여 '감추는 수납'을 실천해 보자. 먼저 이 책의 저자의 집을 살펴보자.

현관

문 뒤쪽에 바구니를 달아 가위와 커터를 수납

옷의 먼지를 제거해 주는 접착 테이프와 가위를 미리 준비해 두면 외출 채비를 할 때 도움이 된다. 노끈을 자르기 위한 커터가 들어 있다.

신발장 밑의 죽은 공간에는 비상 식품을

비상 식품은 꺼내기 쉬운 곳에 수납해야 한다. 그렇기 때문에 매일 몇 번씩 출입하는 현관이 최적의 장소다.

높이가 다른 파이프 3개로 우산을 정리

맨 앞에서부터 차례대로 접이식 우산, 긴 우산, 손님용 비닐 우산을 정리해 놓았다. 파이프의 높이를 똑같게 하지 않고 자주 사용하는 긴 우산을 중심으로 배치한 것이 편리함의 비밀이다.

수건 걸이는 수건 이외에도 다양한 물건을 걸거나 매달 수 있다. 가격도 저렴하기 때문에 자주 이용된다.

수건 걸이를 고를 때는 설치하고 싶은 공간의 재질에 맞춰 흡반식, 접착식, 자석식, 본드식, 나사식 가운데 선택하여 설치방법을 정해야 한다. 벽에 흠집을 내고싶지 않다면 접착식이나 흡반식, 자석식이 편리하다. 목적에 따라 하중과 디자인도 고려하여 선택하라.

앞에서부터 자석식, 접착식, 흡반식 수건 걸이

접착식 수건 걸이는 타일이나 스테인리스, 나무 벽, 금속 도장 면처럼 평평한 면에 쉽게 부착할 수 있다. 흔적 없이 떼어 내고 싶을 때는 접착 부분에 뿌려 사용할 수 있는 스프레이를 이용한다.

짧고 얇은 수건 걸이를 신발장 문 뒤쪽에 설치하고 슬리퍼를 수납하는 방법도 있다. 공간을 많이 차지하지 않는다는 이점이 있다.

흡반식과 접착식은 벽을 깨끗이 닦아 낸 다음 보조 판을 붙이고 그 위에 수건 걸이를 부착하면 밀착도가 향상되어 확실히 고정된다.

수납 공간이 부족할 때는 신발 전용 보관 도구를 이용

구두 수납량을 늘리고 싶을 때는 Z형으로 된 신발 보관 도구를 이용하여 신발을 상하로 겹쳐 놓으면 된다. 신발이 상하지 않고 공간도 절약할 수 있다.

접는 우산은 수건 걸이에

짧은 접착식 수건 걸이 1개를 붙인 다음 접는 우산을 직접 걸거나 선반용 후크, S자형 후크를 이용하여 같은 종류의 물건을 수납해 보라.

널빤지를 이용하여 선반을 늘린다

신발장은 신발 높이에 맞춰 낭비하는 공간 없이 활용하는 것이 좋다. 선반 수를 늘리고 싶을 때는 양옆에 같은 크기의 널빤지 2장을 양면 테이프로 붙인 다음 널빤지를 얹으면 된다.

압착봉 2개를 설치하여 신발을 세워서 수납

압착봉을 사용하여 수납량을 늘리는 방법이다. 사진처럼 위아래로 하나는 그대로, 하나는 세워서 보관하면 훨씬 많은 양을 수납할 수 있다.

크기가 작은 아이들 신발은 트레이에 수납

선반에 들어가는 트레이에 아이들 신발을 두 켤레씩 넣어 두면 그냥 신발장에 수납하는 것보다 더 많은 양을 수납할 수 있다. 꺼낼 때도 트레이째 빼면 된다.

수납 도구를 이용하여 보다 편리한 현관을

잊어버리기 쉬운 열쇠는 1개씩 후크에

신발장의 측면처럼 현관에서 보이지 않는 곳에는 연속 후크를 설치하여 집 열쇠나 자전거 열쇠를 걸어 놓는다. 가족이 함께 사용하는 열쇠는 수납 장소가 정해져 있으면 안심이다.

문에 부착해 놓은 수건 걸이에서 우산을 말린다

우산통을 놓고 싶지 않다면 젖은 우산이 마를 때까지 임시 보관처로 자석식 수건 걸이를 설치하는 것도 한 방법이다. 비 오는 날만 문 안쪽에 부착하면 된다.

우산통 대신 수건 걸이를 설치

우산통을 놓기에는 현관이 비좁은 경우 신발장 측면에 수건 걸이를 붙여 두면 우산이 쓰러질 염려도 없고 현관도 보기 좋게 정돈된다.

잡동사니 수납 아이디어 모음

천천히 집 안을 한번 살펴보자. 아마도 시간 날 때 정리하겠다는 마음으로 뒤로 미루고 쌓아 둔 소품과 종이류가 많을 것이다. 그러나 같은 종류의 물건은 한곳에 모아 놓는 방법을 따라 하나하나씩 정리해 나가면 집 안도, 기분도 산뜻해진다.

취급 설명서

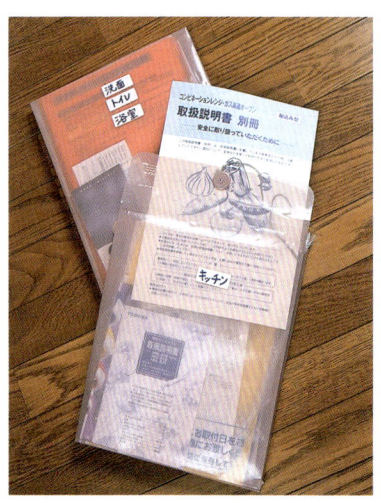

가전 제품의 설명서와 보증서는 그 제품 근처에

냉장고는 주방, TV는 거실 등과 같이 취급 설명서는 투명한 서류 봉투에 넣어 사용하는 장소에 수납하는 것이 가장 좋다. 언제나, 누구든 꺼내 볼 수 있어서 편리하다.

서류

중요한 정도에 따라 바구니에 분류해 넣는다

우선 '긴급', '생각 중' 등의 명찰을 붙인 바구니를 준비하라. 그리고 서류를 받으면 그 자리에서 중요도를 판단하여 바구니에 분류해 넣는다. 이렇게 하면 중요한 서류를 분실할 염려가 없다.

스크랩

모아 두고 싶은 기사는 장르별로 보관한다

잡지류는 필요한 페이지를 잘라 요리, 가사, 레저 등 장르별로 보관하라. 각각의 서류 파일에 꽂아 한꺼번에 서류꽂이에 모아 두라.

레시피

레시피는 비디오 테이프 케이스에 넣어 서랍 속에 세워 둔다

잡지의 요리 페이지나 광고용 요리 모음집은 장르별로 비디오 테이프 케이스에 넣어 보관하면 좋다. 케이스에 명찰을 붙인 다음 서랍 속에 세워 두면 원하는 음식의 레시피를 쉽게 찾을 수 있어 편리하다.

파노라마 사진용 미니 앨범에 넣어 신발 상자에 보관

파노라마 필름 정리에 안성맞춤인 또 하나가 바로 파노라마 사진용 미니 앨범이다. 사진을 넣은 앨범과 같은 번호와 날짜를 기록해 두면 추가로 인화할 때 편리하다. 이 앨범은 여성용 신발 상자에 수납하면 된다.

필름

랩 상자를 필름 전용 보관함으로 이용

필름에 사진을 넣은 앨범과 같은 번호와 날짜를 기록해 두는 것이 포인트다. 날카로운 톱니 부분을 떼어 내고 천을 붙여서 랩 상자에 보관하면 된다.

연하장

펀치로 구멍을 뚫어 끈으로 묶는다

주소록으로도 쓸 수 있는 연하장은 해마다 모아 두고 싶은 기념품이다. 엽서는 펀치로 구멍을 뚫은 다음 양옆을 잘라 낸 비디오 테이프 케이스를 표지로 삼아 끈으로 묶어 보관하면 된다.

사진

미니 앨범을 고무줄로 연결하여 수납

미니 앨범이 안성맞춤이다. 두 권을 연결하고 싶을 때는 표지와 표지를 고무줄로 걸면 된다. 예쁜 천으로 싸면 세상에 하나뿐인 나만의 앨범이 탄생한다.

미니 앨범에 펀치로 구멍을 뚫어 철한다

주제를 정하여, 예를 들면 행사별로, 한 사람씩, 일 년마다 사진을 정리해 두고 싶다면 미니 앨범에 펀치로 구멍을 뚫어 링을 이용해 철해 두면 된다.

장난감

골판지 상자에 천을 붙여 장난감 상자를 만든다

장난감을 수납하는 데 골판지 상자를 이용하고 있는 집이 많다. 가벼워서 아이들도 다루기가 쉽다는 것이 골판지 상자의 장점이다.

특대 사이즈 주머니에 장난감을 수납

산타클로스의 자루를 연상케 하는 대형 주머니를 직접 만들어 여기저기 흩어져 있는 아이들 장난감을 수납하면 좋다. 장난감 수납은 아이 손으로 직접 할 수 있도록 아이디어를 짜는 것이 중요하다.

작은 주머니를 여러 개 준비하여 아이가 직접 정리하게 한다

아이가 있는 가정이라면 아이가 주머니에 흥미를 느끼기 시작하는 시기를 놓치지 않도록 한다. 또한 아이가 즐거워하며 장난감을 정리할 수 있도록 주머니를 다양하게 준비한다. 봉제 인형은 바구니에 넣어 두면 편리하다.

포인트 카드 · 할인권

미니 앨범에 모아 놓고 활용

알뜰 주부의 필수품인 포인트 카드와 할인권은 전용 미니 앨범을 만들어 수납해 두면 상자나 깡통을 이용하는 것보다 훨씬 보기도 좋고 꺼내기도 쉽다.

쇼핑용 가방

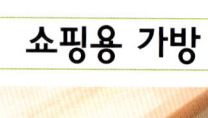

축 늘어지는 가방은 걸어 놓는다

일정한 틀이 없어 밑으로 처지는 쇼핑 가방은 걸어 놓으면 된다. 슬라이드 행거와 S자형 후크를 이용하여 테이블 밑의 죽은 공간을 활용해 본다.

친숙한 생활 용품을 수납에 활용하자

우유팩이나 페트병을 수납 도구로 이용한다는 것이 어쩌면 내키지 않을 수도 있다. 깨끗하게 먹었다고 해도 내용물이 남아 있어 지저분하기도 하고 또 우유팩과 페트병까지 수납에 이용하는 자신이 쯘쯘하다는 느낌이 들 수도 있다. 그러나 절대 그렇지 않다. 폐품이나 자잘한 생활 용품을 이용하여 수납 아이디어를 개발해 나가는 일은 막상 해 보면 의외로 재미가 쏠쏠하다. 시판되는 수납 용품을 구입하기 전에 연습용으로 이용해 보는 데도 도움이 된다. 정말로 필요한 물건의 조건이 확실히 눈에 보이기 때문이다.

자, 그럼 이제부터 친숙한 생활 용품을 수납에 활용함으로써 '수납'과 친해져 보자.

스타킹

스타킹을 빨고 난 뒤에 줄이 나간 것을 발견할 때가 많다. 버리기엔 아까운 스타킹을 수납 도구로 한번 활용해 보자. 줄이 나간 스타킹도 수납 도구로서 어엿하게 제 몫을 한다.

스타킹 테이프 수세미

스타킹 수세미

스타킹으로 창문이나 현관 주변, 베란다 난간 등의 먼지를 닦아 보자. 소재가 부드러워서 흠집이 날 염려도 없고 사용하기도 편리하다.

1 스타킹 한 짝으로 1개를 만든다. 저렴하고 신축성이 있는 것이 좋다. 우선 발끝에서 20cm 정도 잘라 낸다.

1 스타킹의 발끝 부분을 20cm 정도 잘라 낸 다음 카세트 테이프 1개 분량의 테이프를 집어넣고 입구를 묶는다. 한 시간 이상 분량의 테이프가 적당하다.

2 잘라낸 부분 안에 스타킹의 남은 부분을 둘둘 말아 넣는다. 사용하기 알맞은 부피가 된다.

3 마지막으로 입구를 묶으면 간단한 청소 도구가 완성된다. 마른 상태에서 정전기를 이용하여 사용한다.

2 테이프 수세미에 세척제를 묻혀 싱크대를 닦으면 놀랄 만큼 윤이 난다. 적당한 탄력이 있어서 흠집을 내지 않는 것도 장점이다.

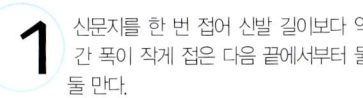

신발 보관

신문지와 스타킹으로 신발 속을 채워 모양이 변형되는 것을 막고, 스타킹을 씌워 먼지와 흠집을 방지한다. 통기성이 좋은 것도 장점이다.

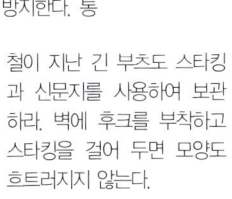

철이 지난 긴 부츠도 스타킹과 신문지를 사용하여 보관하라. 벽에 후크를 부착하고 스타킹을 걸어 두면 모양도 흐트러지지 않는다.

1 신문지를 한 번 접어 신발 길이보다 약간 폭이 작게 접은 다음 끝에서부터 둘둘 만다.

2 세 도막으로 자른 스타킹의 허벅지 부분을 사용한다. 스타킹의 한쪽 끝을 묶고 ①을 넣은 다음 한쪽도 마저 묶는다.

3 신발 속에 ②를 넣어 모양을 잡는다. 통기성도 좋고 잉크 때문에 신발이 더러워질 염려도 없다. 부피는 신문지의 양으로 조절한다.

4 스타킹의 무릎 아래 부분을 신발에 씌우면 완성이다. 어떤 신발인지 알 수 있는 것도 스타킹의 장점이다

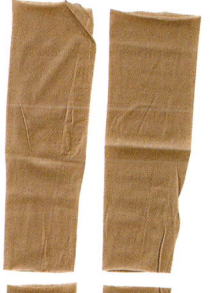

1 스타킹을 두 도막으로 잘라 다리 부분을 사용한다. 부츠의 길이에 맞춰 위와 같은 요령으로 신문지와 스타킹으로 안을 채울 것을 만든다.

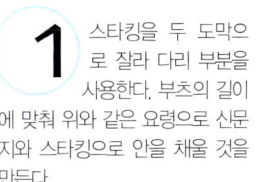

2 부츠 속을 채운 다음 또다른 스타킹을 준비하여 부츠에 씌운다. 허리 부분을 묶고 후크에 걸어 두면 쓰러지지 않는다.

카펫 보관

카펫을 둘둘 만 다음 펼쳐지지 않도록 스타킹으로 두 군데 정도 묶는다. 스타킹의 다리 부분을 양 끝에 씌우면 습기도 생기지 않고 때도 타지 않는다.

바람이 강한 날은 잘라 낸 스타킹의 다리 부분을 빨래 건조대에 나선 모양으로 감아 사진과 같이 옷걸이를 스타킹과 건조대 사이에 끼워 넣어 보라. 이렇게 하면 세탁물이 날아갈 염려가 없다.

세탁물 고정용

랩

어느 집이든 반드시 갖추고 있는 것이 식품 포장용 비닐, 즉 랩이다. 사용법도 대부분 정해져 있지만 랩은 그 용도가 무궁무진한 물건이다.

요리에 고소한 참깨 냄새를 풍긴다

참깨의 고소한 냄새를 요리에 곁들이고 싶다면 랩으로 참깨를 싼 뒤 딱딱한 바닥에 놓고 찻잔이나 병을 굴려 빻는다. 이렇게 하면 굳이 절구를 이용하지 않아도 깨를 빻을 수 있고 온 집 안에 참깨 냄새가 진동한다.

식기 · 스푼 · 포크 보관

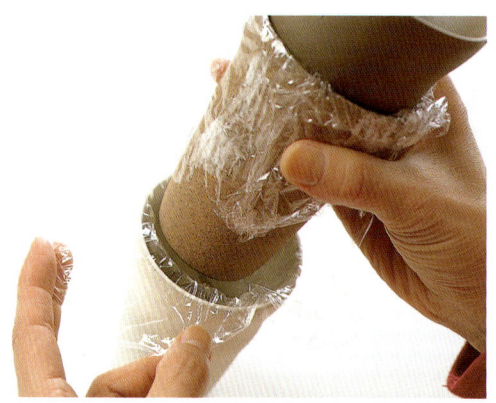

별로 사용하지 않는 식기를 보관할 때도 랩이 편리하다. 신문지처럼 식기를 더럽히지도 않고 키친 타월처럼 내용물을 확인하기 위해 펼쳐 볼 필요도 없기 때문이다. 그릇을 쌓을 때도 사이사이에 랩을 끼워 놓으면 흠집이 생기지 않는다.

양식에 주로 사용하는 스푼과 포크, 나이프도 종류별로 모아 랩으로 싸 놓으면 때도 타지 않고, 작은 공간에 수납할 수 있다. 랩이 쿠션 역할을 해 주어 파손될 염려도 없다.

주방 유리창의 기름때 닦기

1 주방 창문에 기름때 전용 세제를 뿌린다.

2 키친 타월 대신 습기를 오래 보존해 주는 랩을 덮는다.

3 빈틈없이 붙인 다음 10분 정도 그대로 두어 때를 불린다.

4 붙여 놓았던 랩을 뭉쳐서 때를 벗긴 뒤 물을 뿌려 깨끗이 닦는다.

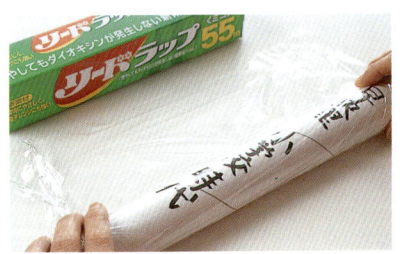

서류 보관

랩의 심은 원통형 서류통 대신 사용할 수 있다. 작은 상장을 둘둘 말아 넣어도 충분히 들어가고, 랩으로 한번 더 싸 주면 변색과 때가 타는 것을 막아 준다. 상장뿐만 아니라 오래 간직하고 싶은 아이들의 그림을 보관하는 데도 좋다.

비상 용품 주머니에 넣어 둔다

공간이 제한되어 있는 비상 용품 주머니에 여러 가지 기능을 하는 랩을 넣어 두면 요긴하게 쓸 수 있다. 접시에 씌워 설거지를 생략할 수도 있고, 꼬아 놓으면 튼튼한 끈이 되기도 하며 상처를 입었을 때는 삼각건 역할도 한다. 폭이 좁은 것보다는 넓은 것이 더 편리하다.

비디오 테이프 케이스

두께가 얇은 비디오 테이프 케이스는 서랍 안 칸막이나 문 뒤쪽을 이용한 수납에 안성맞춤이다. 처음부터 상자를 만들지 않고 가위로 잘라 간단히 가공할 수 있기 때문에 편리하다.

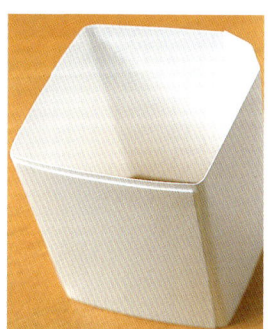

자투리 공간에는 바닥 면이 없는 상자를 넣는다

공간은 내용물이 움직이지 않도록 빈틈없이 나누는 것이 가장 좋다. 자투리 공간이 있을 때는 케이스로 바닥 면이 없는 상자를 만들어 메워 넣는다.

책상 서랍 속 문구 정리에 이용

케이스 속에 다른 케이스의 끝부분을 넣어 칸막이로 사용

케이스의 안쪽 공간을 나누고 싶을 때는 다른 케이스의 끝부분을 이용해 보자. 끝에서 약 1.5cm 폭으로 자른 다음 양옆에 양면 테이프를 붙여 케이스 속에 고정하면 된다.

주방 서랍 속 소품 정리에 이용

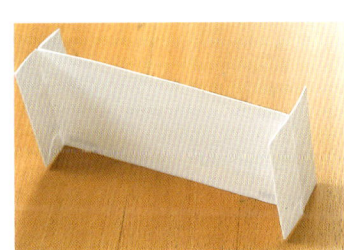

케이스 2개로 만드는 H형 칸막이

케이스의 넓은 면 한쪽과 바닥 면을 잘라 낸 ㄷ자형의 케이스를 2장 준비한 다음 양면 테이프로 바깥쪽 면을 맞붙인다. 두꺼운 종이로 만드는 것보다 튼튼하다.

케이스 1개로 만드는 Z형 칸막이

바닥 면은 잘라 내고 측면만 사용하여 L형의 케이스 2장을 사진과 같이 반대로 맞붙인다. 겹치는 부분의 크기에 따라 폭을 조절할 수 있다.

크기를 자유롭게 조절

폭을 줄이고 싶을 때는 케이스의 한가운데를 잘라 자른 면을 겹쳐서 고정한다. 반대로 폭을 넓히고 싶을 때는 케이스 2개를 사용하여 한쪽 끝을 잘라 내고 자른 면을 겹치면 된다.

비디오 테이프 케이스

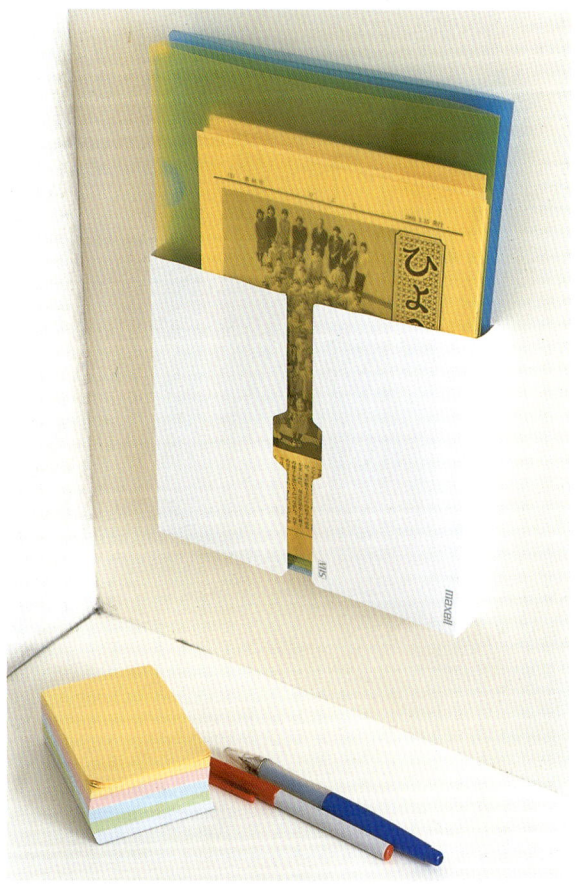

서류 보관

특별히 신경 써서 관리하지 않으면 분실되기 쉬운 서류도 수납 공간을 만들어 두면 안심이다. 2개의 케이스를 준비하여 한쪽 측면을 잘라 낸 뒤 양면 테이프로 벽에 고정하면 사진처럼 서류를 끼워 넣을 수 있다. 들어가는 서류의 크기에 따라 자유롭게 폭 조절이 가능하다.

APS 필름과 밀착 인화지 보관

비디오 테이프 케이스 속에 윗부분(눕혔을 때 측면)을 잘라 낸 또 하나의 케이스를 겹쳐 넣으면 여러 개의 필름을 보관할 수 있다. 그대로 세워서 수납하면 된다.

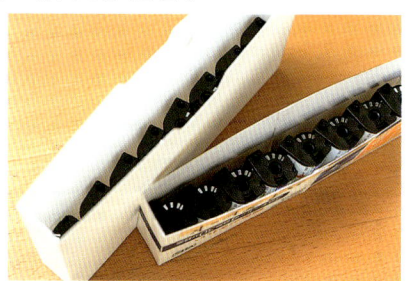

신문 수납

음식물 쓰레기를 싸거나 여기저기 묻은 때를 벗기는 데 요긴하게 쓰이는 신문은 적당한 크기로 잘라 주방에 보관해 두면 매우 유용하다. 한쪽 측면을 잘라 낸 비디오 테이프 케이스 2개를 준비하여 선반 아래쪽에 붙여 두면 공간도 많이 차지하지 않는다.

작은 크기의 APS 필름과 인화지를 수납하는 데는 비디오 테이프 케이스가 안성맞춤이다. 특히 필름과 인화지에 동일한 번호를 매겨 두면 추가 인화할 때 훨씬 편리하다.

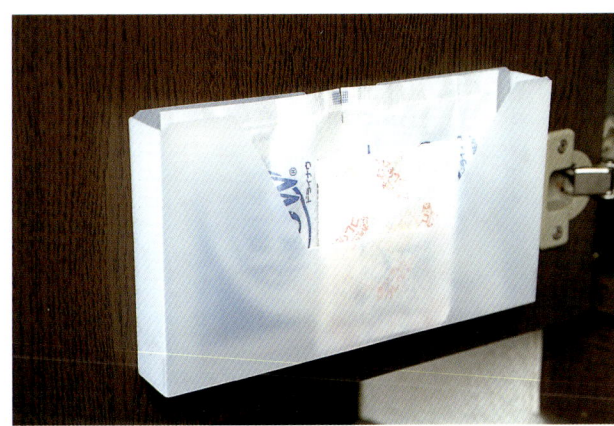

문 뒤쪽에 붙여 제습제를 수납

케이스의 넓은 면을 사진과 같이 자른 다음 양면 테이프로 신발장의 문 뒤쪽에 붙인다. 그런 다음 제습제를 넣어 습기 제거에 이용하면 된다. 식품용 제습제를 넣어도 상관없다.

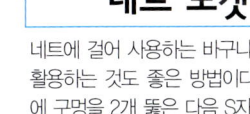

네트 포켓

네트에 걸어 사용하는 바구니 대용으로 활용하는 것도 좋은 방법이다. 넓은 면에 구멍을 2개 뚫은 다음 S자형 후크로 네트에 걸기만 하면 된다. 종이류 등을 세워서 수납하는 데 안성맞춤이다.

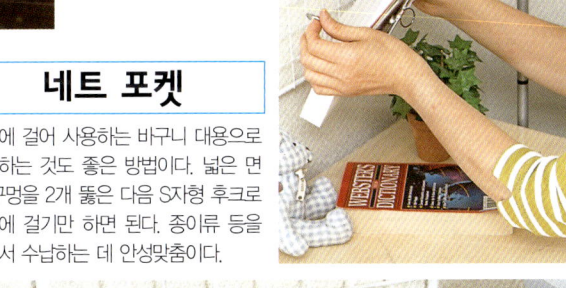

청소 도구함

일회용 청소 시트나 청소기의 먼지 팩 등은 바로 꺼내 쓸 수 있는 곳에 수납하는 것이 좋다. 문 뒤쪽에 케이스를 부착하고 그 속에 넣어 두면 두께가 얇아 전혀 방해되지 않는다.

지퍼 백

입구를 지퍼로 여닫는 편리한 비닐 봉지 역시 수납에 있어 빼놓을 수 없는 도구다. 자잘한 물건들을 몰아넣거나 짐을 챙기는 데 이용하면 매우 유용하다. 주방뿐만 아니라 일상생활에서도 유용하게 활용해 보자.

여행 · 레저용 소품 수납

여행을 떠날 때 속옷을 한 벌씩 넣어 가면 편하다. 여행지에서 지퍼 백에 물과 샴푸, 더러워진 양말 등을 넣어 애벌빨래를 하는 것도 좋은 아이디어다.

여행이나 외출 시 약을 담을 때도 지퍼 백을 이용하면 좋다. 여러 가지 약을 한곳에 수납할 수 있고 부피도 일정하다. 여러 종류의 약을 복용한다면 1회분씩 나눠 넣으면 된다.

누구나 한번쯤은 바닷가나 수영장에 다녀올 때 젖은 수영복 때문에 가방 안이 축축해진 적이 있을 것이다. 수영복이나 물놀이 용품의 수납에도 지퍼 백이 안성맞춤이다.

리무버와 화장수 역시 휴대하기 거추장스러운 물건들이다. 그러나 화장솜에 듬뿍 묻혀 지퍼 백에 넣고 다니면 편리하다

아이와 함께 차를 타고 갈 때는 물수건이 필수품이지만 물수건을 원통형 플라스틱 병에 넣으면 공간도 많이 차지하고 냄새도 난다. 그러나 지퍼 백은 부피도 작고 위생적이다.

행주 표백

행주를 표백 중인 볼이나 통을 싱크대에
두면 모르고 아이가 장난칠 우려가 있다.
그럴 때는 지퍼 백을 이용해 보자. 표백 중
에도 싱크대를 넓게 쓸 수 있다.

작은 장난감 수납

바닥에 흩어져 있는 자잘
한 장난감을 밟아 발이 아
팠던 기억이 있을 것이다.
블록 등을 정리하는 데 골
치를 썩는 사람에게 추천
하고 싶은 것이 커다란 지
퍼 백이다. 라벨을 붙이고
종류별로 분류해 넣으면
된다.

액세서리 수납

아무렇게나 수납하면 체인이 엉키거나 흠
집이 날 수도 있는 액세서리를 수납하는 데
도 작은 크기의 지퍼 백이 편리하다. 이렇
게 하면 한쪽 귀고리가 없어질 일도 없다.

잡지 스크랩

다시 보고 싶은 기사를
스크랩할 때도 지퍼 백을
이용하면 좋다. 잘라서
넣기만 하면 되므로 간단
하다. 장르별로 분류해서
수납한다.

영수증 정리

지퍼 백의 아래위에 양면
테이프를 붙여 두꺼운 종
이에 고정하면 지퍼 백이
접히거나 구겨지지 않아
다루기가 쉬워진다. 두꺼
운 종이에 월(月)을 기록
한 다음 월별 영수증을
수납하는데 이용해 보자.

조문 소품을 세트로 수납

경사와 달리 조사는 서둘러야 하므로 필요한 도
구를 세트로 준비해 두는 것이 좋다. 아내용 지퍼
백에는 검은 스타킹과 흰 수건, 부조금 봉투 등
을 넣고, 남편용에는 검은 넥타이를 잊지 말고
넣어 두자.

121

페트병

페트병은 그 용도가 무궁무진한 수납 도구다. 커터로 구멍을 낸 다음 가위로 잘라 이용하면 된다.

드레싱 메이커

작은 페트병을 이용하여 드레싱을 만들어 보자. 유성 매직으로 재료와 눈금을 적어 두면 번번이 계량할 필요가 없어 시간이 절약된다. 계량컵으로도 활용할 수 있다.

음식 저장 용기

식품의 간이 저장 용기로도 사용할 수 있다. 왼쪽의 2개는 가운데를 자른 다음 자른 면에 비닐 테이프를 붙여 두 부분을 끼운 것이고, 오른쪽은 같은 크기의 바닥 면 2개를 겹쳐 끼운 것이다.

세면대 주변 소품 수납

페트병의 바닥 부분을 잘라 소품을 수납해 보자. 높이를 자유롭게 조절할 수 있다는 것이 장점이다. 또한 자른 면에 비닐 테이프를 붙이면 같은 크기의 페트병을 쌓아 놓아도 미끄러지지 않는다.

1 바닥 부분을 사용한다. 한쪽에는 ㄴ자, 또 한쪽에는 가로로 그 길이만큼 자른 뒤 서로 걸어서 연결한다.

2 페트병 가운데에 구멍을 뚫어 벽에 부착한 후크에 건다.

랩 홀더

500㎖들이 페트병의 바닥 부분을 이용하여 냉장고 옆이나 벽에 랩을 수납할 수 있는 홀더를 만들어 보자. 랩을 손쉽게 꺼낼 수 있어 편리하다.

구두 닦는 소품 수납

2ℓ들이 페트병의 바닥 부분을 잘라 낸 뒤 자른 면에 비닐 테이프를 붙인다. 마주보는 면에 송곳으로 2개씩 구멍을 뚫어 고무줄을 연결하면 칸막이 역할을 하여 쉽게 정리할 수 있다. 사진처럼 손잡이를 달면 더욱 편리하다.

정원 손질용 도구 수납

젖거나 더러워져도 물로 씻어 낼 수 있는 페트병은 정원 손질용 도구를 수납하는 데도 안성맞춤이다. 2ℓ들이 페트병의 바닥 부분을 이용하여 양옆에 구멍을 뚫고 철사로 손잡이를 만들면 더욱 편리하다.

부츠 키퍼

부츠 키퍼는 의외로 가격이 비싸다. 그러나 페트병 하나면 모양도 잡고 습기도 막을 수 있다(113쪽 참고).

1 송곳 끝을 달궈 1.5ℓ들이 둥근 페트병에 구멍을 뚫는다.

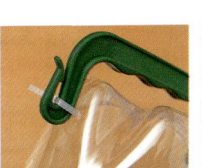

2 바닥 부분에 구멍을 뚫고 사진과 같은 손잡이를 케이블 타이나 끈으로 고정한다.

3 세로로 길게 창문 모양의 구멍을 뚫어 안에 제습제를 넣는다. 식품용 제습제를 넣어도 상관없다.

철사 옷걸이

날마다 쌓여만 가는 세탁소의 철사 옷걸이를 어떻게 이용하면 좋을까? 지금부터는 옷걸이를 이용한 다양한 수납 도구들을 소개하겠다. 옷걸이의 어깨 부분에 호스를 부착하여 미끄러짐을 방지할 수도 있고, 모양을 변형하여 전혀 다른 목적에 활용하는 것도 색다른 즐거움이다. 무엇보다 큰 힘을 들이지 않고도 펜치로 간단히 구부릴 수 있어서 더욱 편리하다.

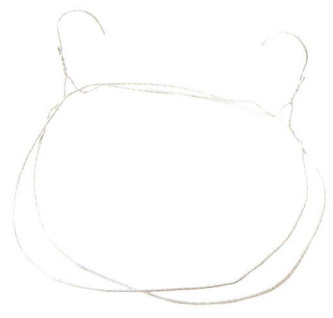

쓰레기통

옷걸이 2개를 준비하여 머리 부분을 세우고 몸통은 둥그렇게 넓혀 셀로판 테이프로 고정한다. 이것을 벽에 부착한 후크에 건 뒤 빨래 집게로 비닐 봉지를 고정하면 가벼운 쓰레기를 집어넣을 수 있는 쓰레기통이 완성된다.

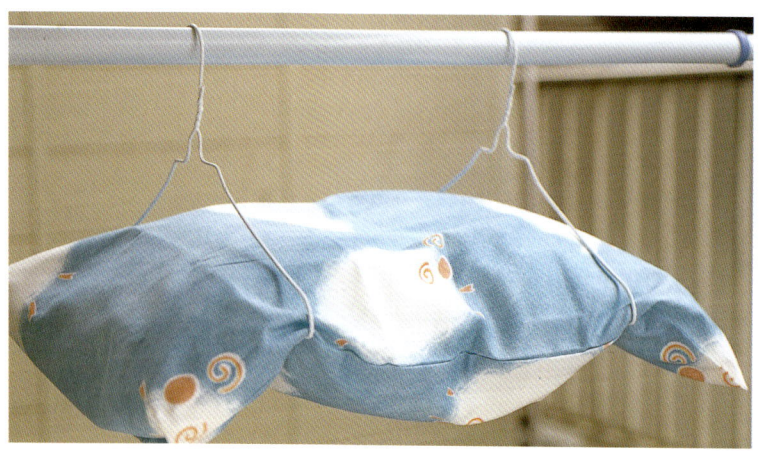

베개 말리기

옷걸이를 변형하지 않고 활용하는 아이디어다. 옷걸이 2개 사이에 베개를 끼우고 적당히 간격을 벌려 빨래 건조대에 걸기만 하면 된다. 바람이 강한 날이나 균형이 정확하게 잡히지 않는 물건을 걸 때는 옷걸이를 서로 교차시켜 걸면 된다.

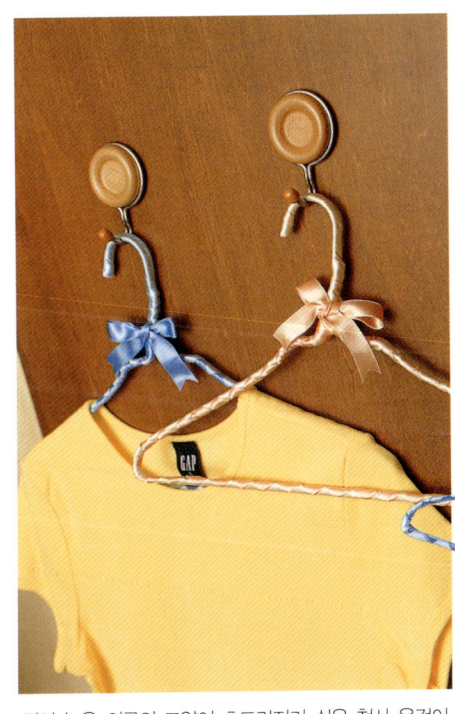

옷걸이 장식

표면에 굴곡이 있어서 미끄러지지 않는 천 테이프를 한쪽 방향으로 계속 감기만 하면 된다.

걸어 놓은 의류의 모양이 흐트러지기 쉬운 철사 옷걸이도 3개를 한꺼번에 리본으로 감으면 두께가 두툼해져 모양이 잘 잡힌다. 철사 옷걸이 3개, 리본, 셀로판 테이프, 양면 테이프만 있으면 된다.

광택이 있는 리본을 머리를 땋듯이 감으면 의류가 잘 미끄러지지 않는다.

1 철사 옷걸이 3개를 겹쳐 서너 군데를 셀로판 테이프로 감아 고정한다.

2 옷걸이의 머리 부분을 감을 리본의 뒷면에 양면 테이프를 붙인다.

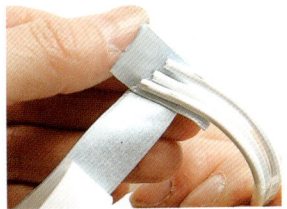

3 리본 3cm에 양면 테이프를 붙이고 2와 T자로 겹친 다음 옷걸이의 끝부분을 감는다.

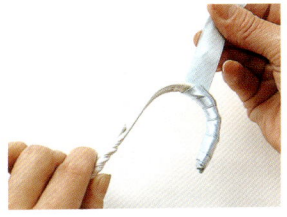

4 양면 테이프를 조금씩 벗겨 가면서 리본을 감는다.

5 옷걸이의 목 부분에 또 하나의 리본을 양면 테이프로 고정한다.

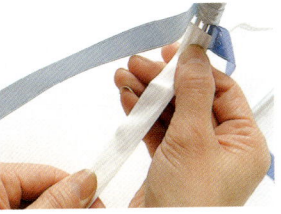

6 리본을 땋기 시작한다. 어깨 부분에서는 옷걸이에 양면 테이프를 붙이면 리본이 잘 붙는다.

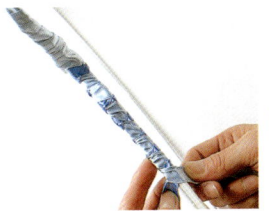

7 2개의 리본은 옷걸이의 앞뒤에서 교차시키는 것이 보기 좋다.

8 다 감은 다음 리본 끝을 양면 테이프로 고정하고 장식 리본을 묶으면 완성.

철사 옷걸이

빨래 건조

철사 옷걸이에 케이블 타이로 빨래 집게를 고정하여 양말이나 손수건 등의 작은 빨래를 말려 보자. 공간을 많이 차지하지 않아 편리하고, 케이블 타이로 꽉 조이면 위치가 고정되어 움직이지도 않는다.

소품 걸이

현관이나 주방에 소품을 걸 때도 옷걸이를 이용하면 좋다. 옷걸이의 직선 부분을 잘라 ㄷ자로 구부린 뒤 루프가 달린 빨래 집게를 걸고 흡반에 꽂기만 하면 된다. 폭은 자유롭게 조절이 가능하다.

1 철사 옷걸이의 직선 부분을 필요한 만큼 펜치로 자른다. 힘이 약한 여자도 쉽게 자를 수 있다.

2 구부릴 때는 라디오 펜치로 구부린다. 루프 달린 빨래 집게를 건 다음 흡반에 꽂아 벽면에 고정한다.

미끄러지지 않는 옷걸이

철사 옷걸이의 단점은 어깨 부분이 잘 미끄러지고 모양도 쉽게 흐트러진다는 것이다. 또 바지를 접어서 걸면 주름이 잘 생긴다는 문제도 있다. 그러나 이런 고민은 비닐 호스(빨대) 하나로 간단히 해결할 수 있다.

1 바깥 지름이 8mm 정도 되는 비닐 호스를 준비하여 자를 길이를 정한다.

2 호스를 필요한 길이만큼 자른 뒤 가위로 가운데 부분을 길게 자른다.

3 옷걸이에 호스를 덮어씌우면 완성이다. 바지를 걸 때는 아랫부분에 호스를 씌우면 된다.

1 아래쪽으로 길게 늘인 철사 옷걸이를 한 번 접은 수건에 끼워 넣는다.

2 옷걸이에 수건을 감은 뒤 낡은 스타킹 한 짝을 씌우고 입구를 묶는다.

효자손 옷걸이

에어컨 위나 세탁기 옆, 냉장고 밑 등 청소하기 어려운 부분을 닦는 데 안성맞춤이다. 형태를 쉽게 바꿀 수 있다는 것도 철사 옷걸이의 장점이다.

고무줄

일반적으로 사용하는 고무줄보다는 조금 넓고 튼튼한 것을 이용하는 것이 좋다. 그래야만 움직이지 않게 확실히 눌러 준다. 색과 폭이 다양하다는 것도 고무줄의 매력이다.

벽을 이용한 수건 수납

벽에 고무줄 2개를 세로로 달기만 하면 간이 수건 수납장이 완성된다. 고무줄은 너무 잡아 당기지 말고 여유 있게 압정으로 고정한다. 넣고 꺼내기 편리하도록 수건은 둘둘 말아서 집어넣으면 된다.

넥타이 미끄러짐 방지

넥타이나 스카프를 봉에 걸어 놓으면 미끄러져서 잘 떨어진다. 이럴 때는 고무줄을 이용하여 고정해 보자. 고무줄에 구멍을 뚫어 금속 후크를 꽂은 다음 적당한 압력이 가해지도록 폭을 조정하여 후크를 고정하면 된다.

벽을 이용한 헤어 액세서리 수납

화장실 문 뒤쪽에 고무줄을 1개 달아 두면 헤어 액세서리를 쉽게 정리할 수 있다. 고무줄이라서 모양도 변형되지 않고, 한눈에 볼 수 있어 고르기도 편하다. 다리가 긴 압정으로 고정한다.

✳ 핀을 사용하여 고무줄을 둥글게 감는다

아이 운동화 수납

여기저기 따로따로 보관하기 쉬운 작은 운동화는 한 켤레씩 모아 두면 깔끔하게 정리할 수 있다. 운동화 한 켤레를 방향을 반대로 하여 바닥을 마주보게 붙인 다음 고무줄로 감는다. 식구별로 다른 색으로 감아 두면 훨씬 쉽게 찾을 수 있어 더욱 편리하다.

의류가 쏟아지지 않게

고무줄을 둥글게 감을 때는 송곳으로 양끝에 구멍을 뚫고 핀으로 고정하면 된다. 컬러 박스에 의류를 수납할 때 고무줄 2개를 세로로 감아 두면 필요한 옷을 뺄 때 다른 옷이 쏟아지지 않는다.

테이블 밑에 티슈 상자를 고정

마땅히 티슈 상자를 둘 곳이 없다면 테이블 밑을 활용하는 방법도 있다. 테이블 밑에 둥그렇게 감은 고무줄 2개를 부착하여 티슈 상자 홀더로 사용해 본다.

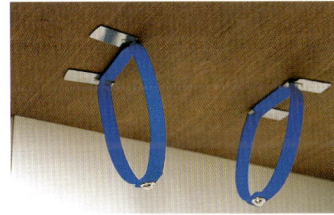

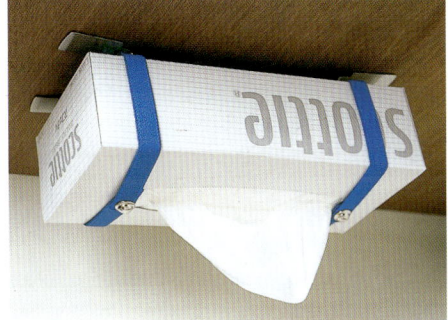

선반 밑에 평평한 물건을 수납

움직이는 선반 밑에 물건을 수납하는 것도 좋은 아이디어다. 둥글게 감은 고무줄을 선반에 감아 두기만 하면 마땅한 수납 공간이 없는 원반이나 배드민턴 라켓도 보기 좋게 수납할 수 있다.

그 밖의 수납 도구

수납장 속을 보기 좋게 정리하고 싶다면 가격이 저렴한 그 밖의 상품을 이용해 보자. 연습 삼아 여러 가지 아이디어를 짜내서 만들어 보는 것도 좋은 방법이다.

세탁망

세탁망은 세탁뿐만 아니라 물건을 수납하는 데도 사용할 수 있다. 바람이 잘 통하고 물로 씻을 수 있다는 것도 장점이다.

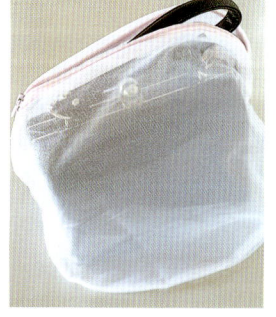

가방을 세탁망에 보관하면 흠집도 잘 생기지 않고 때도 타지 않는다.

봉제 인형은 결이 부드럽고 내용물이 잘 보이는 세탁망에 수납하면 정리 정돈이 쉽다.

자주 쓰지 않는 식기는 통 모양의 세탁망에 수납한다. 조직이 치밀해서 식기 수납에 안성맞춤이다.

화분

길이가 긴 선반을 앞뒤로 나눠 수납하고 싶을 때는 앞쪽에 있는 물건을 통째로 옮길 수 있게 정리하는 것이 편하다. 예를 들어 책이라면 단행본이나 문고판 등을 수납한다.

대형 손수건

천을 이용해 각종 소품을 만들면 모양도 예쁘고 정성도 많이 들어가지만 가격이 만만치 않아서 포기했던 경험이 있을 것이다. 그러나 시중에서 쉽게 구할 수 있는 대형 손수건은 가장자리 처리까지 깔끔하게 되어 있어서 정말 편리하다.

대형 손수건으로 티슈 상자를 싸면 거실에 장식해도 손색이 없다.

미싱을 이용하지 않고도 손수건으로 싸 주기만 하면 쿠션이 멋진 장식 소품으로 변신한다.

런천 매트(luncheon mat)

런천 매트 1장을 주머니 모양으로 접어 골판지에 천을 감아 뒤쪽에 연결하면 사진처럼 벽에 걸 수 있는 포켓이 된다. 크기가 작아 다루기도 쉽고 장식 효과도 크다.

석쇠

석쇠를 이용하여 TV와 비디오 리모컨 보관함을 만들어 보자. 사전과 같이 두꺼운 책에 석쇠를 대고 구부려 양옆에 고무줄로 안전망을 만들어 접착 후크에 걸면 완성.

우유팩

방수도 되고 일회용으로도 쓸 수 있는 우유팩은 여러 가지로 이용 가치가 뛰어난 수납 도구다. 수납은 물론 여러 가지 가사에도 활용할 수 있다. 가위로 자르고 테이프를 붙여 작은 상자를 만들어 보자. 그럼 지금부터 다양한 우유팩 재활용 아이디어를 소개한다.

미니 청소 도구

빗자루와 쓰레받기를 꺼내기가 번거로울 만큼 적은 양의 쓰레기를 치울 때 우유팩을 간이 청소 도구로 이용해 보자. 우유팩 입구를 비스듬하게 잘라 쓰레받기를 만들고 잘라 낸 부분으로 쓰레기를 쓸어 담으면 된다.

서류꽂이

우유팩 3개로 서류꽂이를 만들어 보자. 냉동실에 얼린 납작한 식품도 수납할 수 있다.

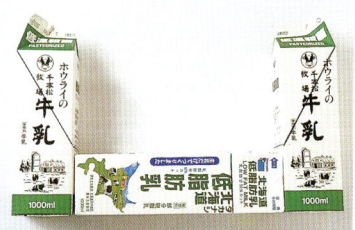

우유팩 3개를 준비하여 측면을 한쪽씩 모두 잘라 낸다. 양옆에 세울 2개의 우유팩은 윗부분을 비스듬하게 자른다. 사진처럼 바닥 역할을 하는 우유팩에 비스듬히 자른 팩 2개를 끼운 다음 양면 테이프로 고정하면 완성.

✳ 자잘한 소품을 수납한다

화장 도구 수납

우유팩을 사용하면 시판되는 수납 도구 못지 않은 편리한 화장 도구 수납함을 만들 수 있다. 직접 만들기 때문에 높이를 자유롭게 조절할 수 있다는 장점도 있다. 안쪽 칸막이도 우유팩을 이용하면 된다. 표면에 시트를 붙이면 더욱 예쁘다.

주방 소품을 세워서 수납

여러 개의 우유팩을 양면 테이프로 붙이기만 하면 된다. 튀김 젓가락이나 국자와 같은 도구를 넣어 가스레인지 근처에 놓아 두면 편리하다.

거실 소품 수납

거실에서 주로 사용하는 TV 리모컨이나 휴대 전화, 안경 등을 수납하는 정리함도 우유팩으로 만들어 보라. 양면 테이프로 연결한 뒤 손잡이를 달면 청소할 때 쉽게 옮길 수 있다.

우유팩

기름 처리 상자

음식을 튀기고 남은 기름을 처리할 때도 우유팩이 매우 유용하다. 꼬깃꼬깃 구긴 신문지를 우유팩에 채우고 거기에 식힌 기름을 부어 스며들게 한다. 버릴 때는 테이프로 입구를 붙인 뒤 '타는 쓰레기'로 분류하면 된다.

일회용 도시락

우유팩은 수분이 스며들지 않기 때문에 도시락 상자로도 활용할 수 있다. 또한 음식을 다 먹고 난 뒤에는 작게 접을 수 있어서 더욱 편리하고 그대로 선물을 해도 좋다. 접착 비닐 시트를 붙이면 사진처럼 예쁜 도시락이 된다.

도시락 칸막이

우유팩의 몸통 부분을 가로로 둥글게 잘라 이용하는 아이디어다. 우유팩을 심으로 삼아 코일을 감으면 튼튼한 도시락 칸막이가 된다.

1 우유팩의 한 면을 세로로 자르고 바닥의 한 변을 잘라 뚜껑을 만든다.

2 입구를 벌려 네 면 가운데 두 면을 잘라 낸다.

냉장고 깔판

깨끗이 씻은 우유팩을 냉장고 포켓의 크기에 맞춰 가위로 자른다. 사용하다가 더러워지면 깔판을 갈아 주기만 하면 된다. 주방 싱크대 밑에 조미료나 기름을 놓을 때도 우유팩 깔판을 이용하면 좋다.

3 남은 두 면을 사진처럼 테이프로 붙여 도시락 모양을 만든다.

4 뚜껑에 칼집을 넣고 끈을 감으면 위치가 고정된다.

P A R T  5

돈 들이지 않고 간단히 만드는 수납 도구

조금만 생각해 보면 많은 돈을 들이지 않고도 얼마든지 편리한 수납 도구를 만들어 쓸 수 있다. 예를 들어 서랍에 딱 들어맞는 칸막이가 필요하다면 뭐니뭐니해도 손으로 직접 만드는 것이 제일이다. 빈 상자의 크기를 변경하는 일도 매우 간단하다. 컬러 박스에 선반을 추가하는 것도 모두 필요에 의해 탄생한 수납 기술이다.

자, 그럼 지금부터 어릴 적 미술 시간에 했던 것처럼 즐겁게 수납 도구를 만들어 보자.

넣고 싶은 물건이 깔끔하게 정리되는 기분 좋은 서랍

칸막이를 만든다

나름대로 열심히 정리한다고 해도 늘 서랍이 지저분하지 않은가? 그러나 넣고 싶은 물건의 크기와 양에 맞춰 '칸막이'를 만들어 공간을 분리하면 물건이 섞이지도 않고 늘 깔끔하다. 손재주가 없는 사람도 간단히 만들 수 있는 H형 칸막이와 북엔드형 칸막이 제작법과 상자의 크기를 조절하는 방법을 살펴보자. 일단 서랍 하나를 정해서 다시 정리해 보자.

특별한 수납 기술 없이 칸막이와 상자 2개만으로도 사진처럼 깔끔한 손수건, 휴대용 티슈 수납함을 만들 수 있다.

앞에서부터 북엔드형 칸막이, H형 칸막이, 수납 상자. 의류 등 손상되기 쉬운 물건을 수납할 때는 천으로 싸는 것이 좋다.

✳ 칸을 크게 나눌 때는 H형 칸막이를 이용

위에서 봤을 때 알파벳 H와 모양이 비슷한 H형 칸막이는
양옆을 고정해 주기 때문에 잘 쓰러지지 않는다.

1 두꺼운 종이를 준비하여 전개도를 2장 만든다

칸을 나누고 싶은 폭과 서랍의 깊이를 잰 뒤 두꺼운 종이로 전개도를 만든다. 양옆의 다리 길이는 각 3~5cm 정도가 적당하다. 전개도를 잘라 둘로 나눈다.

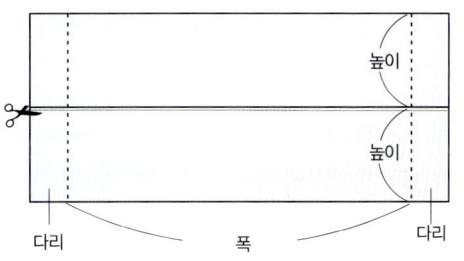

높이

높이

다리 　폭 　다리

2 ①의 표면에 천을 붙인다

①보다 큰 천을 준비하여 목공용 본드를 발라 붙인다. 양옆의 다리 뒤쪽도 잊지 말고 붙여야 한다.

3 종이 2장의 뒤쪽을 맞대어 붙인다.

양옆의 다리 부분은 남기고 종이 뒤쪽에 양면 테이프를 붙인 다음 등을 맞대고 합체한다. 양옆의 다리를 펴 주면 완성.

137

✳ 칸을 작게 나눌 때는 북엔드형 칸막이를 이용

북엔드와 같은 모양의 가벼운 칸막이는 부피가 작은 물건을 정리할 때 편리하다. 폭이 넓거나 깊이가 깊은 서랍에는 적당하지 않다.

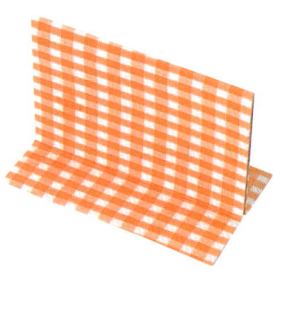

1 두꺼운 종이를 준비하여 전개도를 그린다

나누고 싶은 칸의 폭과 서랍의 깊이를 잰 뒤 전개도를 만든다. 양끝의 다리 길이는 각 3~5cm 정도가 적당하다.

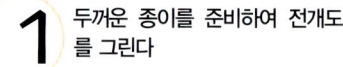

다리

높이

높이

다리

폭

2 ①의 표면에 천을 붙인다

①보다 큰 천을 준비하여 목공용 본드로 종이 표면에 붙인다. 양옆의 다리 뒤쪽도 잊지 말고 붙여야 한다.

3 한 번 접은 다음 다리 부분을 벌린다

다리 부분은 남기고 종이 뒤쪽의 아랫부분에 양면 테이프를 붙인다. 가운데를 한 번 접어 붙인 다음 다리를 벌리면 완성.

✳ 칸막이 상자 크기 변경

서랍 속 칸막이로 활용하려고 보관해 두었지만 크기가 맞지 않아서 자리만 차지하고 있는 종이 상자가 있다면 이 방법을 이용해 보자. 상자를 크거나 작게 만드는 일은 아주 간단하다. 그럼 지금부터 상자의 크기를 바꾸는 방법을 알아 보자.

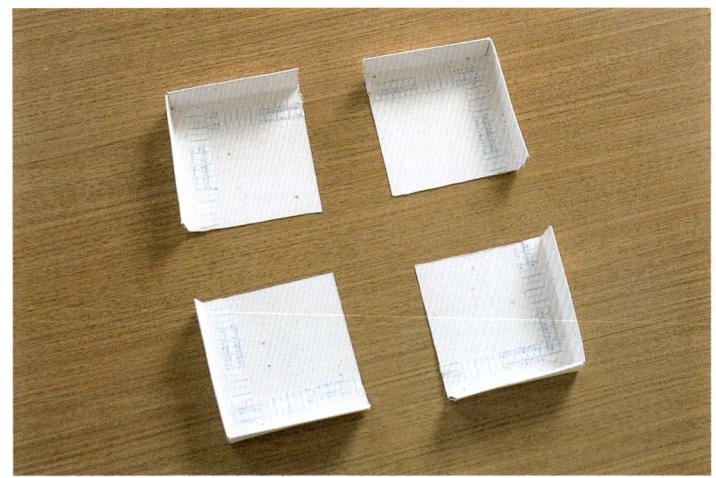

확대

상자는 모서리가 튼튼해야 그 역할을 할 수 있다. 먼저 네 모서리는 그대로 남겨 둔 채 빈 상자를 사진과 같이 네 부분으로 나눈다. 그런 다음 두꺼운 종이로 원하는 크기의 바닥 면을 만들어 상자의 각을 맞춰 접착제로 붙이면 큰 상자가 된다.

축소

오른쪽 사진과 같이 줄이고 싶은 만큼을 상자 바깥쪽에 표시한다(사선 부분). 가령 폭을 5cm 줄이고 싶으면 5cm 폭의 선을 그으면 된다. 그런 다음 어느 한쪽 선을 따라 잘라 내 상자를 2개로 나눈 뒤 사선 부분을 겹쳐 접착 테이프로 연결하면 크기가 작아진다.

139

윗부분이 남는 선반은 선반 수를 늘려 공간을 활용

* 선반을 늘리는 방법

컬러 박스나 신발장 등 선반형 수납 도구에 선반이 한 단만 더 있으면 참 편할 것 같다는 생각을 해 보았을 것이다. 특별한 기술이 없는 사람도 공구를 쓰지 않고 간단히 선반을 늘릴 수 있는 방법을 소개하겠다. 시판되는 싱크대 밑 선반과 ㄷ자형 래크는 활용 범위가 아주 넓다.

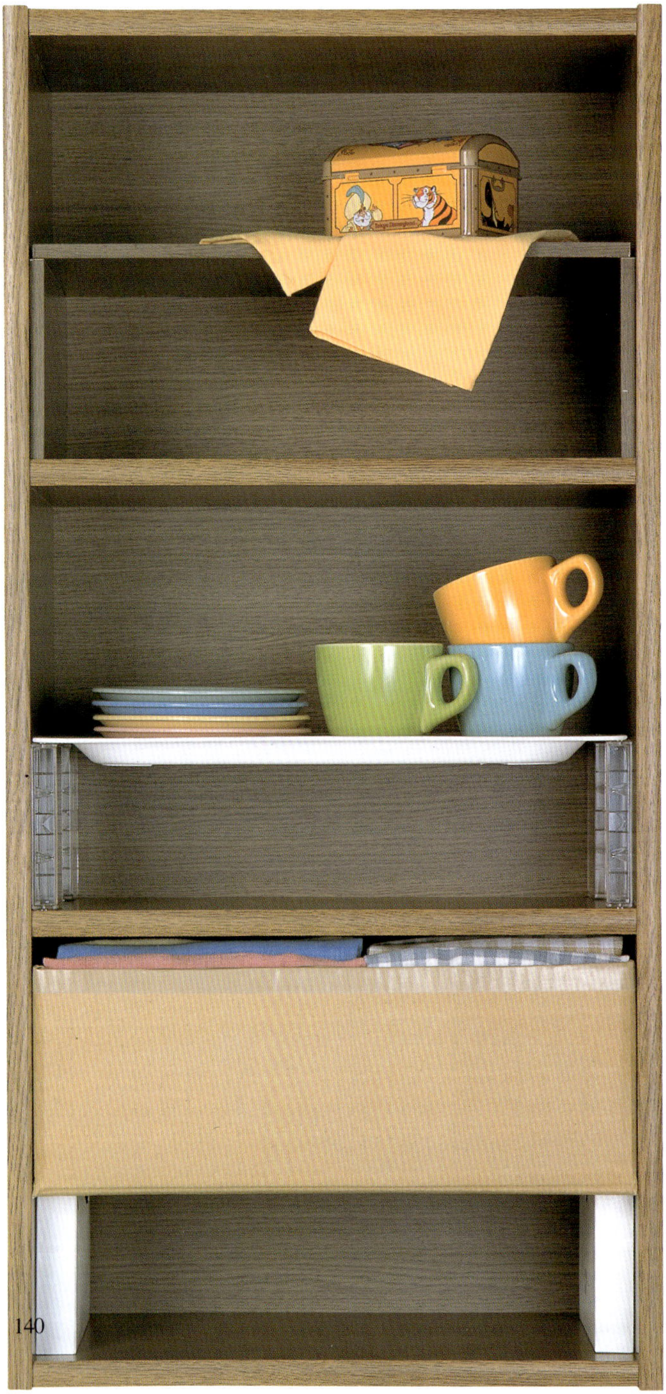

같은 크기의 널빤지 2장과 선반 1장을 이용

DIY 제품을 파는 가게에 가면 좌우 다리로 쓸 널빤지 2장과 선반 1장을 쉽게 구할 수 있다. 이것을 준비하여 다리 부분을 양면 테이프로 양옆에 붙이고 선반을 얹기만 하면 또 한 칸의 선반이 생긴다.

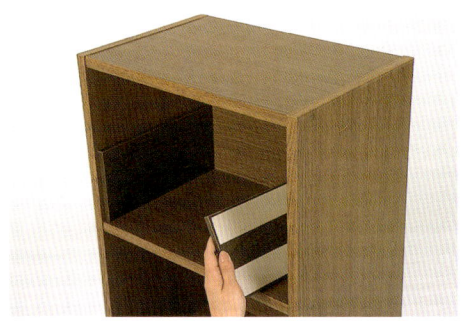

카세트 테이프 케이스 4개와 트레이를 이용

네모난 카세트 테이프 케이스 4개를 준비한다. 그런 다음 양면 테이프를 이용하여 양옆의 앞쪽과 뒤쪽에 고정하고 크기가 맞는 트레이를 얹으면 완성.

케이스에 들어 있는 비디오 테이프 2개와 골판지 상자를 이용

비디오 테이프 케이스 2개를 입구를 위쪽으로 향하게 놓고 양면 테이프로 양옆에 고정한다. 그 위에 크기가 맞는 상자를 얹으면 완성.

싱크대용 조립 선반을 넣어 공간을 나눈다

주방의 싱크대 밑이나 세면대 아래에 물건을 늘어놓으면 위쪽 공간을 낭비하게 된다. 그러나 시판되는 조립 선반으로 선반을 만들어 넣으면 높이가 있는 공간도 알뜰하게 활용할 수 있다.

이동식 선반인 ㄷ자형 선반을 활용

주방의 싱크대 밑에 주로 사용하는 ㄷ자형 선반은 이동이 가능하기 때문에 컬러 박스 속에 넣거나 구두를 수납하는 데도 활용할 수 있다. 투명한 것은 식기 수납에 안성맞춤이다.

골판지 상자를 수납에 활용

골판지 상자는 가구나 다른 수납 도구에 비해 값이 저렴하고 가벼운 데다 다루기 쉽다는 것이 장점이다. 처분하기도 편하기 때문에 성장 정도에 따라 소지품이 변하는 아이들 물건을 수납하는 데 특히 안성맞춤이다. 가구나 수납 도구를 구입하기 전에 먼저 골판지 상자로 시도해 보는 것도 물건을 절약할 수 있는 방법이다.

✳ 골판지 상자로 신문 보관함을

골판지 상자에 4개의 구멍을 뚫어 끈을 2개 통과시키면 편리한 신문 보관함이 완성된다. 끈을 묶으면 그대로 밖에 내놓기도 편하다.

높지 않은 선반에 놓을 때는 앞에서 넣어도 된다

신문 보관함을 조금만 변형하면 된다. 커터로 상자의 앞면을 잘라 내면 앞쪽에서도 신문을 넣을 수 있어 편리하다.

입구를 접어 넣은 골판지 상자에 4개의 구멍을 뚫고 끈 2개를 연결한다.

어느 정도 신문이 쌓이면 상자 안쪽에서 끈을 빼내 단단하게 묶어 분리수거일에 내놓으면 된다.

각 면의 위쪽에 끈을 연결할 구멍을 뚫는다. 가위 끝으로 찌른 다음 돌리면 완성된다.

천으로 된 테이프를 4~5cm 길이로 자른 뒤 관 모양으로 만들어 구멍에 넣는다. 그런 다음 절개선을 내 펼쳐 붙인다.

✳ 골판지 상자 1개로 서랍 2개를

처음부터 서랍을 만드는 일은 어려울 수 있다. 그러나 골판지 상자를 이용하면 쉬우면서도 보기 좋은 수납 도구를 만들 수 있다.

골판지 상자로 만든 서랍은 벽장 선반이나 침대 밑에 수납하면 편리하다. 골판지 상자를 가로로 이등분하여 2개의 서랍을 만들어 보자.

1 먼저 상자를 엎어놓고 천 테이프로 가운데와 양끝을 고정한다. 윗부분도 같은 방법으로 테이프를 붙여 고정한다.

4 자른 면을 비닐 테이프로 붙이면 보기도 좋고 보강 효과도 있다.

2 ①의 상자를 옆으로 놓고 높이의 가운데쯤에 선을 긋는다. 필요하다면 높이가 서로 다르게 만들어도 된다.

5 앞면에 손잡이를 달 구멍을 2개 뚫는다. 접착 테이프를 둥글게 말아 반 정도를 구멍 안으로 밀어 넣는다.

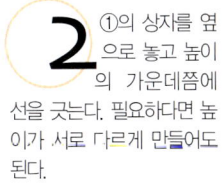

3 ②의 선을 따라 자를 대고 커터로 자른 뒤 바닥 안쪽의 들뜬 부분을 양면 테이프로 고정한다.

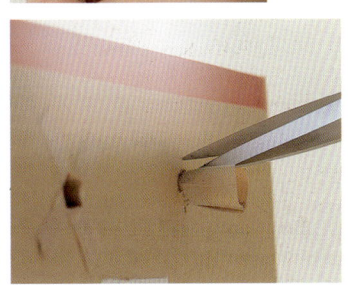

6 ⑤의 테이프에 상자의 안쪽과 바깥쪽에서 세로로 칼집을 넣어 펼쳐 붙인 다음 끈을 연결하면 완성된다.

✳ 골판지 상자 2개로 서랍식 케이스를

서랍을 틀보다 조금 작게 만드는 것이 포인트다. 지금부터 순서에 맞춰 만드는 과정을 즐겨 보자.

골판지 상자 1개로 바깥 틀을, 또 다른 1개로 서랍을 만든다. 가벼운 물건을 임시로 수납해 둘 케이스가 필요할 때 안성맞춤이다.

바깥 틀을 만든다

1 8개의 날개 가운데 한쪽의 작은 면 4개를 전부 잘라 낸 다음 측면의 작은 면을 하나 더 잘라 낸다.

2 남은 큰 면 4개를 각각 2개씩 접착 테이프로 연결한 뒤 측면에도 테이프를 붙여 고정한다.

3 이렇게 하면 서랍 틀이 완성된다. 면과 면이 겹치지 않도록 자른 면을 잘 맞춰 붙이는 것이 포인트다.

서랍을 만든다

서랍은 높이와 폭이 바깥 틀에 비해 약간 작게 만드는 것이 포인트다. 손잡이를 다는 방법은 143쪽을 참고한다.

바닥 면의 날개를 고정한 뒤 커터로 잘라 높이를 줄인다. 원래 상자의 높이에서 1.5cm 아래에 밑에 선을 긋고 잘라 내면 적당하다.

상자의 폭을 줄인다. 작은 쪽 측면 끝에서 1.5cm 정도(사진의 사선 부분)를 잘라 낸다. 반대 방향도 마찬가지 방법으로 잘라 낸다.

②에서 열린 측면에 이어진 바닥 끝에서 1.5cm 안쪽에 커터로 칼집을 넣은 뒤 자를 대고 측면을 올린다.

접착 테이프로 고정하여 서랍 보싱을 만든다. ③에서 올린 측면의 비어져 나온 부분을 잘라 내고 손잡이를 달아 바깥 틀 속에 끼우면 완성된다.

✳ 골판지 상자로 간이 선반을 만든다

골판지 상자는 의외로 튼튼한 수납 도구다. 상자를 쌓아올리고 선반을 얹는 등 여러 가지 아이디어를 생각하여 수납에 활용해 보자.

입구를 벌리고 가로 세로로 자유롭게 쌓아올리면 간이 선반이 된다

골판지 상자의 바닥을 종이 접착 테이프로 붙여 고정한다. 입구는 날개 부분을 안쪽으로 접어 넣기만 하면 보기에도 깔끔하고, 바로 완성할 수 있다. 쌓아올릴 때는 양면 테이프로 고정한다.

평소에는 문을 닫아 놓는 벽장 속을 수납할 때도 골판지 상자를 이용하면 좋다. 세로 방향으로 쌓아 수건이나 시트 등을 수납해 보자.

골판지 상자를 가로 방향으로 쌓아 바구니를 넣으면 간이 선반이 완성된다. 여기에는 의류나 장난감 등을 수납해 보자.

골판지 상자 4개와 널빤지로 아이용 코너장을 만든다

입구의 날개를 안쪽으로 접어 넣은 골판지 상자는 의외로 튼튼하다. 옆으로 세워 놓은 2개의 상자 위에 널빤지를 얹어 선반을 만들고 위에 손잡이가 달린 상자를 얹어 보라. 위에 있는 상자는 장난감 수납함으로 안성맞춤이다.

P A R T  6

DIY로 수납을 즐기자

컬러 박스를 이용하여 간단한 수납 도구를 만들고 싶다거나 특정 공간에 파이프를 달아 옷을 걸고 싶다거나 특별히 그 공간에 맞는 선반이 필요한 경우에는 DIY 수납에 도전해 보자. 이번 장에서는 도구를 다루는 일이 서툰 여성도 할 수 있는 간단한 DIY를 다뤘다. 그러나 널빤지와 스테인리스 파이프는 다루는 데 위험 부담이 있으므로 전문가에게 부탁하거나 그런 일을 전문적으로 하는 곳에 가서 잘라야 한다. 특히 전동 드라이버가 있으면 작업이 훨씬 쉬워진다.

자신의 집에 맞는 크기와 형태의 수납 도구를 만들 수 있다는 것이 DIY의 가장 큰 장점이다. 수납 도구와 가구를 직접 완성했을 때의 기쁨과 보람을 만끽해 보자.

컬러 박스를 조립한다

단순하고 수납 능력이 뛰어난 컬러 박스는 여성도 가공하기 쉽다는 것이 가장 큰 매력이다. 조금만 손보면 얼마든지 자기 집에 맞는 사양의 가구를 만들 수 있다.

3단 컬러 박스의 재료는 잘라진 널빤지와 나사(나무 나사)다. 완성품이 머리에 그려지도록 바닥에 늘어놓고 개수를 확인한다.

1 조립하기 쉽게 늘어놓는다

2 측면 판 하나를 무릎에 얹고 천장 판을 직각으로 고정한다

측면 판을 무릎에 얹고 작업하면 훨씬 수월하다. 측면 판과 직각이 되도록 천장 판의 홈을 맞추고 일단은 임시로 나사를 느슨하게 조인다.

3 같은 측면 판에 나머지 선반도 고정한다

계속해서 같은 측면 판에 선반 2장과 바닥 판을 느슨하게 고정한다. 선반 네 장을 직각으로 고정한 뒤 모든 나사를 꽉 조인다.

 **뒤쪽 판을 홈에 끼워 넣고 나머지 측면 판을 고정한다**

측면을 바닥으로 오게 놓은 다음 뒤쪽 판을 홈에 끼워 넣는다. 마지막으로 나머지 측면 판을 얹고 나사로 고정하면 완성.

미니 쿠션을 깔아 아이용 벤치로 이용

3단 컬러 박스를 눕혀 놓음으로써 수납은 물론 의자 역할까지 하는 일석이조의 벤치를 만든다. 미니 쿠션은 면(面) 패스너(fastener)를 이용하여 직접 컬러 박스에 붙인다.

컬 러 박스 1개를 이용한
나 만 의 가 구

아이용 벤치

컬러 박스를 눕혀 놓고 위에 퀼트 심을 붙인 보드를 부착하여 벤치를 만든다. 수납과 놀이를 동시에 할 수 있는 가구는 아이들 방의 필수품이다.

[준비물]
컬러 박스 1개
컬러 보드
(89×29×1.7cm 1장)
퀼트 심
(32×92cm 3장)
천(110cm 폭으로
50cm 정도)
스테인리스 앵글 4개

1 쿠션 부분이 될 컬러 보드 한 면에 목공용 본드를 빈틈없이 칠한 다음 반쯤 마를 때까지 놓아 둔다.

2 보드에 바른 본드가 반쯤 마르면 퀼트 심을 붙인다. 목공용 본드로 나머지 2장도 겹쳐 붙인다.

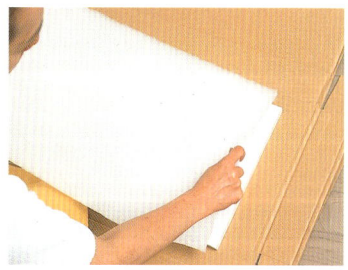

3 퀼트 심을 붙인 컬러 보드 전체를 천으로 감싼다. 사진과 같은 고정 도구를 이용하여 천을 고정한다.

4 ③의 짧은 쪽 변에 스테인리스 앵글을 2개씩 달고 컬러 박스에 쿠션을 얹어 나사로 고정하면 완성된다.

다양한 기능을 하게 제작하여 지저분한 다용도실을 깔끔하게

세탁 왜건

청결이 최고인 다용도실의 수납에는 바퀴 달린 수납 도구가 안성맞춤이다. 수건 걸이와 같은 시판되는 도구를 부착하여 보다 편리하게 사용해 보자.

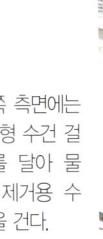

한쪽 측면에는 L자형 수건 걸이를 달아 물기 제거용 수건을 건다.

1 바닥에 붙일 컬러 보드의 단면에 흰 나무 테이프(154쪽 참고)를 붙인다. 바퀴를 달기 위한 보강용 판이다.

2 ①에서 비어져 나온 나무 테이프는 나무판의 각에 맞춰서 전용 나무 키데(154쪽 참고)로 훑듯이 잘라 내면 깨끗해진다.

3 컬러 박스를 뒤집어 ②의 나무 판을 얹는다. 모서리에 Y자형 경첩을 대고 송곳으로 나사 구멍을 뚫는다.

4 경첩 구멍에 나사를 고정한다. 나무 판에 접한 윗면에서부터 빠짐없이 나사를 고정한다.

5 모서리 4개에 고정한 Y자형 경첩에 바퀴를 대고 송곳으로 나사 구멍을 뚫는다.

6 ⑤에서 뚫은 구멍에 나사를 넣고 바퀴를 고정한다. 측면에 세로로 수건 걸이 2개를 달고 수건을 둘둘 말아 수납한다.

컬러 박스의 뒤쪽 맨 위에 손잡이를 달아 두면 이동할 때 편리하다.

[준비물]
컬러 박스 1개
컬러 보드
(44×29×1.7cm 1장)
Y형 경첩 4개
손잡이 1개
수건 걸이 2개
L자형 수건 걸이 1개
바퀴 4개

러 박스 **2개**를 이용한

컬러 박스 2개를 선반으로 연결하면 작은 시스템 가구 완성

키친 카운터

식기와 식품을 수납할 수 있는 키친 카운터는 주방과 거실 사이의 칸막이 역할도 한다. 선반의 길이에 맞춰 폭 조절도 가능하다.

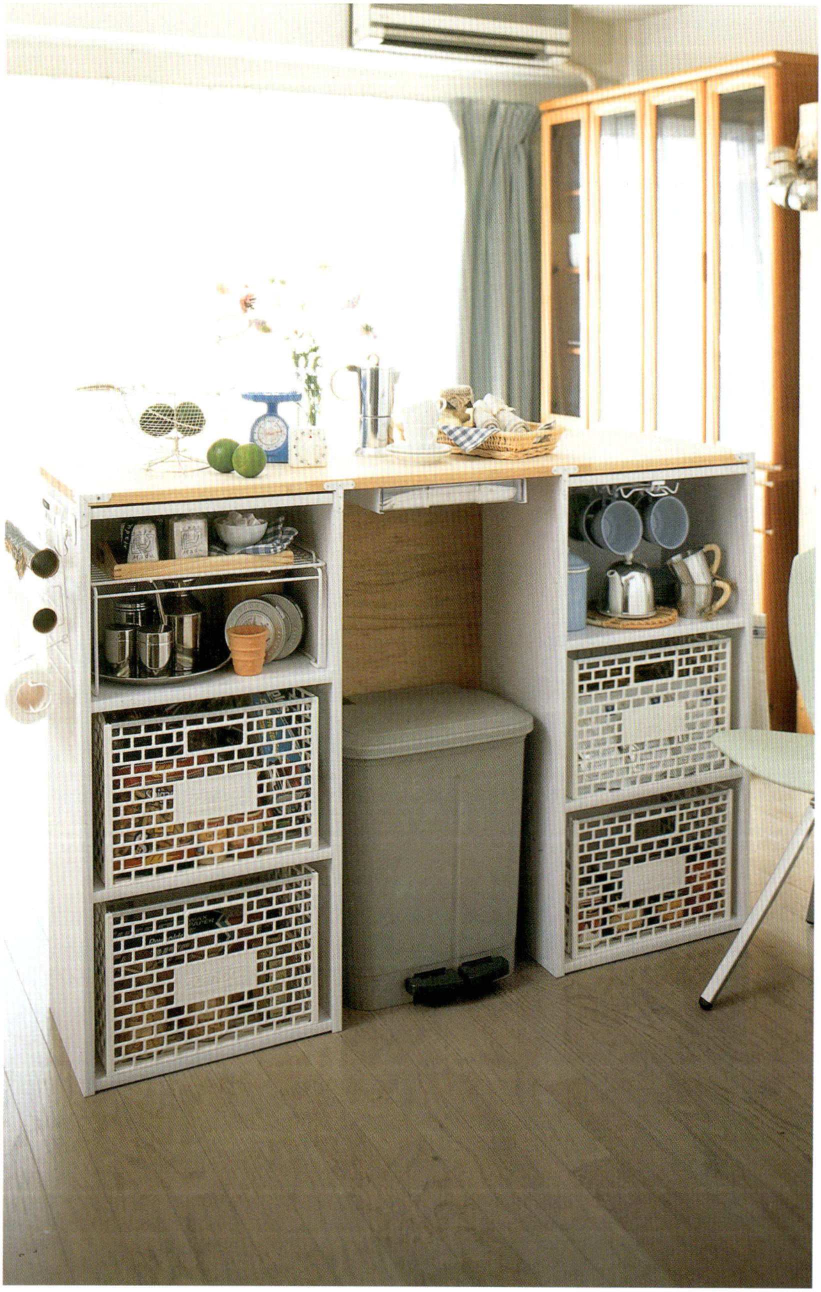

측면에 후크를 2개를 달아 랩 홀더를 걸고 키친 타월이나 코일 등을 수납한다.

[준비물]
컬러 박스(흰색) 2개
베니어판(흰색 128×89cm 1장)
보드(128×45cm 1장)
Y자형 경첩 2개
T자형 보강대 2개
경첩 4개
못(한 봉지)
컵 선반용 행거
테이블 밑 수납 케이스
선반(중)
랩 홀더
후크
수건 걸이

쓰레기통 위쪽 공간을 활용하고 싶다면 테이블 밑에 전용으로 설치하는 작은 서랍을 달아 찻숟가락이나 포크 등을 수납한다.

선반 위쪽 공간을 효율적으로 활용하고 싶다면 슬라이드식 컵 행거를 설치한다. 보기도 좋고 매우 편리하다.

다른 한쪽 측면에는 L자형 수건 걸이를 부착하여 시장 가방 등을 수납하는 공간으로 삼는다.

1 컬러 박스 2개를 준비하여 사이를 벌린 다음 그 위에 선반을 얹는다. Y자형 경첩을 이용하여 컬러 박스와 선반을 고정한다.

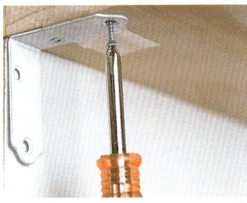

2 컬러 박스의 뒤쪽이 카운터의 표면이 된다. 10cm 간격으로 못을 박아 흰색 베니어판을 고정한다.

3 경첩으로 베니어판을 붙인 컬러 박스 2개의 양쪽 측면과 위에 얹은 선반을 고정한다.

4 마지막으로 컬러 박스의 정면에 서서 컬러 박스와 선반을 T자형 보강대로 좌우 두 군데를 연결하면 완성된다.

추천할 만한 수납 용품 고정용 쇠장식

다양한 모양의 고정용 쇠장식을 적재적소에 활용해 보자. 그림의 숫자는 나사를 고정하는 순서이므로 익숙해져서 자신만의 방식이 생길 때까지 참고한다.

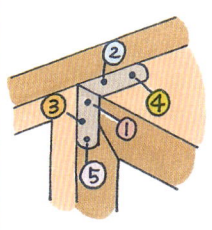
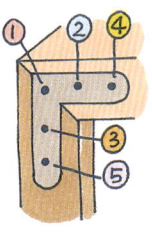
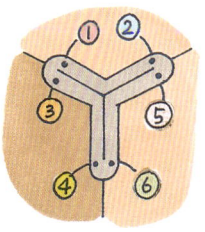

경첩 / 입체적인 L자형 쇠장식. 컬러 박스에 선반을 얹을 때. 나사는 가운데서 바깥쪽으로.

L자형 보강대 / 평평한 L자형 쇠장식. 평면의 두 변을 연결할 때 나사는 가운데서 바깥쪽으로.

Y자형 경첩 / 코너용. 컬러 박스의 위아래에 널빤지를 연결할 때. 나사는 위쪽 두 군데부터.

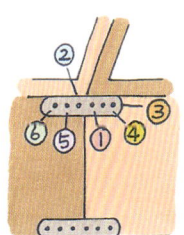

T자형 보강대 / 평평한 T자형 쇠장식. 컬러 박스를 위아래로 쌓을 때 양끝의 뒤쪽에서 사용. 나사는 가운데부터.

I자형 보강대 / 평평한 I자형 쇠장식. 컬러 박스 등을 연결할 때 세로나 가로 방향으로 사용.

흰색, 검정, 은색 등 색상은 물론 크기도 다양하므로 적당한 것을 골라 사용하면 된다.

러 박스 **3개**를 이용한

컬러 박스를 연결하기만 해도 간편한 수납 가구 완성

장난감 코너장

장난감 수납 가구를 산다는 것은 왠지 낭비라는 생각이 든다면 컬러 박스를 연결하여 직접 코너장을 만들어 보자. 가격이 저렴한 데다 분리해서 다른 용도로 활용할 수도 있다.

아래쪽 컬러 박스 2개를 I자형 보강대로 두 군데 연결한 다음 위쪽에 컬러 박스를 눕혀 얹고 L자형 보강대로 양옆을 연결한다. 뒤쪽도 똑같이 연결해야 튼튼하다.

[준비물]
컬러 박스 3개
I자형 보강대 4개
L자형 보강대 4개

추천할 만한 수납 용품

나무 테이프 · 나무 커터

시판되는 컬러 보드의 단면에 같은 색의 나무 테이프를 붙이면 톱 자국도 보이지 않고, 훨씬 깔끔하다.

비어져 나온 나무 테이프는 전용 커터를 이용하여 각에 맞춰 그으면 깨끗이 잘라진다.

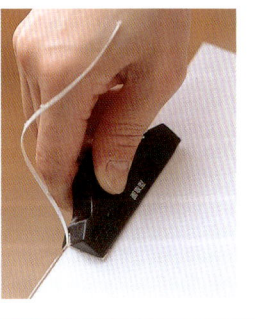

오디오 선반

컬러 박스 3개와 선반으로 공간이 풍부한 벽면 수납장을

[준비물]
컬러 박스 3개
컬러 보드(177×29×1.7cm 1장.
선반을 추가할 때는 1장 더)
Y자형 경첩 4개
T자형 보강대 4개
I자형 보강대 4개
L자형 보강대 4개

2개의 컬러 박스를 양쪽에 세우고 가운데에 나머지 1개의 박스를 눕힌 다음 오디오를 올려놓는다. CD나 테이프, LP 등 음악과 관련된 물건을 모두 한곳에 수납하면 좋다.

① 먼저 컬러 보드의 단면을 나무 테이프로 정리한다.
② 컬러 박스 2개를 세운 다음 그 사이에 컬러 박스 1개를 눕혀 놓는다.
③ 눕혀 놓은 컬러 박스의 아랫부분과 양쪽 컬러 박스를 I자형 보강대로 연결한다. 뒷면도 마찬가지다.

④ 눕혀 놓은 컬러 박스의 윗부분과 양쪽 컬러 박스를 L자형 보강대로 고정한다. 뒷면도 마찬가지다.
⑤ 양쪽 컬러 박스 2개와 위쪽 선반의 네 모서리를 Y자형 경첩으로 연결하고, 양쪽 컬러 박스의 나머지 측면과 선반을 T자형 보강대로 고정한다. 뒷면도 마찬가지다.

액세서리 선반

선반을 추가하여 액세서리 수납장으로 이용

위의 오디오 선반과 만드는 방법은 같다. 컬러 박스를 이용하면 이렇게 커다란 선반도 간단히 만들 수 있다. 물론 흰색 컬러 박스로도 가능하다.

눕혀 놓은 컬러 박스 위에 선반을 추가한다. 같은 크기의 널빤지를 양면 테이프로 양옆에 붙이고 그 위에 선반을 얹으면 완성된다.

155

스테인리스 파이프 설치

옷을 걸 수 있는 파이프를 설치하는 방법은 매우 간단하다. 장소에 맞게 위쪽 선반의 아래 또는 양옆에 설치하는 방법 가운데 하나를 선택하면 된다.

사진은 많은 옷을 수납할 수 있는, 직접 제작한 수납 가구다. 양옆에 선반을 세우고 위쪽 선반과 연결만 하면 된다. 옷장을 추가로 구입하지 말고 이런 간단한 가구를 직접 만들어 보자.

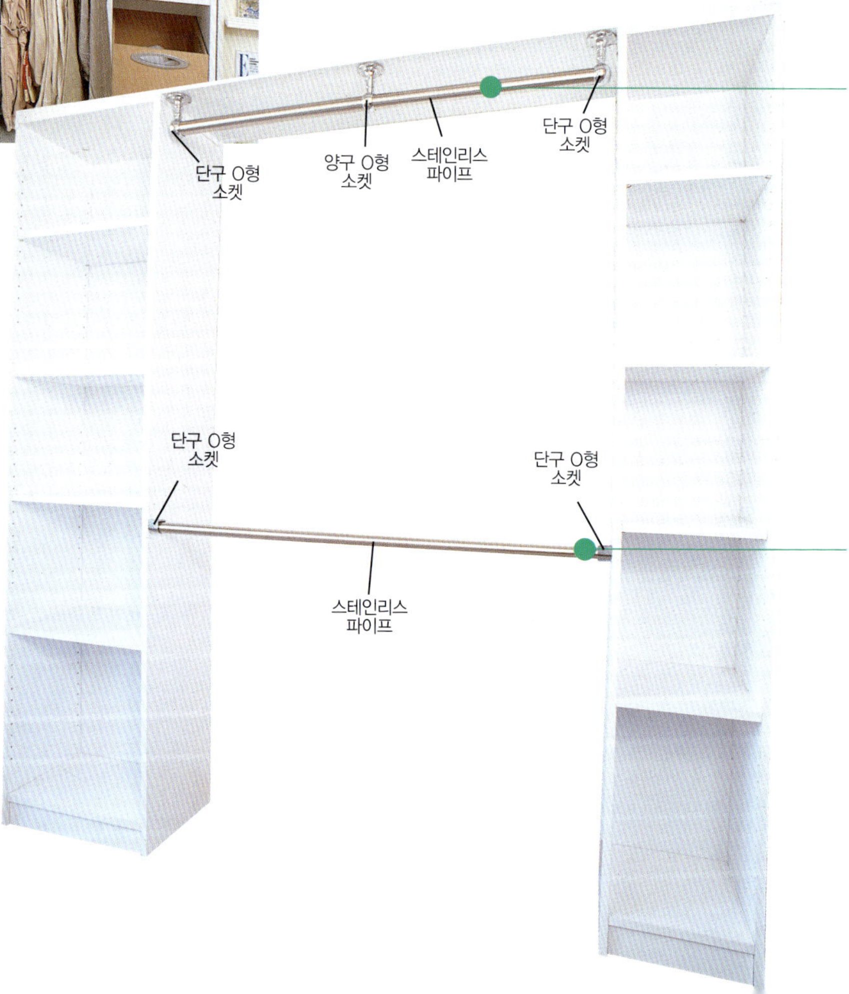

단구 O형 소켓

양구 O형 소켓

스테인리스 파이프

단구 O형 소켓

단구 O형 소켓

단구 O형 소켓

스테인리스 파이프

추천할 만한 수납 용품 스테인리스 파이프와 받침대

받침대는 양쪽 끝에 사용하는 단구 O형 소켓과 중간 부분을 고정하는 양구 O형 소켓이 있다. 구입할 때는 받침대와 스테인리스 파이프의 지름을 맞추는 것이 중요하다. 파이프는 위험하므로 DIY 전문점에 가서 자르도록 한다.

위쪽 선반에 받침대를 설치하고 파이프를 고정

1 선반을 바닥에 놓고 받침대를 설치할 위치를 연필로 표시한다. 안쪽 끝에서 30cm(어깨 폭의 절반) 정도 떼어서 설치한다.

2 위치가 정해졌으면 송곳으로 구멍을 뚫는다. 가운데 설치할 양구 O형 소켓도 마찬가지로 위치를 정하고 나사 구멍을 뚫는다.

3 양구 O형 소켓을 통과시킨 파이프를 꽂아 넣은 한쪽 단구 O형 소켓을 고정한 다음 반대쪽도 고정한다. 마지막으로 양구 O형 소켓을 고정한다.

양쪽 옆면에 소켓을 설치하고 파이프를 고정

1 양옆이 튼튼하여 나사를 고정할 수 있는 경우에 이용하는 방법으로, 먼저 나사로 벽에 U자형 소켓을 고정한다.

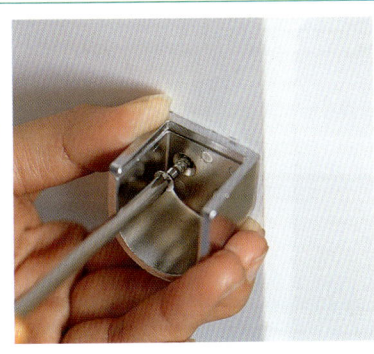

2 소켓에 스테인리스 파이프를 얹은 다음 덮개를 씌운다. 파이프를 쉽게 넣고 뺄 수 있다.

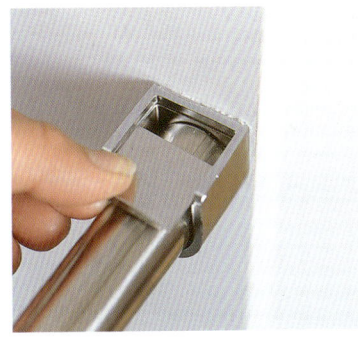

깔판으로 만드는 선반

수납 가구를 만들 때 사용하는 깔판은 다른 나무에 비해 가벼워 다루기 쉽고, 세로로 세웠을 때도 다리가 선반의 받침대 역할을 하여 수납 공간을 만들기 쉬운 것이 좋다.

못을 박지 않고 조립한다

폭이 좁은 벽장에는 깔판으로 만든 선반이 안성맞춤

똑같은 깔판을 2장 준비하여 양옆에 세우고 벽장의 가로 폭에 맞춰 자른 깔판을 얹기만 하면 완성된다. 못을 박지 않아도 안정감이 있다.

깔판 선반으로 높이를 활용

벽장에 아무런 생각 없이 물건을 잔뜩 수납하면 구석과 맨 밑에 있는 물건은 사장되기 쉽다. 이럴 때는 양옆에 똑같은 깔판을 세우고 가로 폭이 딱 맞는 깔판을 선반으로 얹으면 사용하기 편리한 벽장으로 바꿀 수 있다.

깔판 선반으로 자투리 공간을 이용

원하는 크기로 조립할 수 있다는 것이 깔판의 장점이다. 싱크대와 레인지 선반 사이의 자투리 공간에 많은 양을 수납할 수 있는 선반을 만들어 보자. 특히 바구니를 서랍처럼 사용하면 더욱 편리하다.

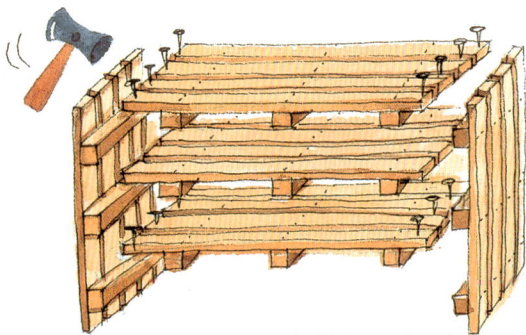

선반으로 얹을 깔판을 원하는 크기로 자른 다음 양옆에 세운 깔판의 다리에 얹어 못을 박으면 된다. 아래에서 위쪽으로 얹는다.

착색이 쉬운 것도 깔판의 매력

전화 받침대 겸 깔판 선반을 파란색 수성 페인트로 칠해 방에 액센트를 주었다. 차색이 쉬운 것도 깔판의 특징이다. 마음에 드는 색을 칠해 감추고 싶은 공간에 커튼을 쳐 본다.

단추로 고정한 면 테이프를 비닐 레일에 끼워 만든 커튼.

깔판으로 만드는 바퀴 달린 선반

깔판은 가볍고 간편해서 가공하기 쉬운 소재 가운데 하나다. 바퀴만 달면 손이 잘 닿지 않는 위치의 수납에 안성맞춤인 편리한 '이동형 선반'이 된다.

카운터 밑에 이동형 왜건을 단다

거실에서 쓰는 물건 수납 선반

DIY의 묘미를 살려 카운터의 안 길이에 딱 맞는 깔판 선반을 만들어 보자. 선반을 보강하고 물건이 떨어지는 것을 방지하기 위한 널빤지를 뒷면의 위아래에 고정한다.

바퀴를 단다

양옆 깔판의 아래쪽은 선반의 다리와 길이를 맞춰야 한다. 전체를 조립하고 나서 거꾸로 뒤집어 깔판의 다리 부분에 바퀴를 달면 된다.

손잡이를 단다

꺼내기 쉽게 선반의 앞쪽에 손잡이를 달아 보자. 송곳으로 구멍을 뚫어 나무못을 박으면 된다.

침대 밑에 장난감 수납 왜건을 만든다

깔판에 바퀴를 달아 이동형 선반을 만든다

죽은 공간이 되기 쉬운 침대 밑을 수납에 활용하는 간단한 방법이다. 그냥 모아서 담기만 하면 되기 때문에 아이들도 사용하기 편리하다.

바퀴와 손잡이를 단다

다리가 바닥에 오도록 깔판을 놓고 나무못으로 네 모서리에 소형 바퀴를 고정한다. 그런 다음 앞쪽에 손잡이로 쓸 끈을 묶어서 뒤집으면 완성된다. 공간의 크기에 맞춰 상자의 높이를 조절하면 된다.

우드 폴로 만드는 선반

컬러 박스, 깔판과 함께 DIY 수납에서 빼놓을 수 없는 것이 바로 우드 폴이다. 우드 폴과 널빤지를 조합하여 자유자재로 선반을 만들어 보자.

1 바닥에 닿는 부분에 조절기를 장착한다

아래에서 위로 조립해 나가는 것이 기본이다. 선반의 다리가 될 폴에 조절기를 꽂는다.

2 연결 볼트로 폴과 선반을 연결한다

조절기를 장착한 폴의 반대편 구멍에 연결 볼트를 1/4 정도 꽂아 넣고 선반 구멍에 끼운다.

3 다른 폴을 끼워 넣어 선반을 고정한다

②의 선반을 통과한 연결 볼트에 다음 폴을 넣는다. 이 과정을 반복하여 단을 늘려 간다.

연결 볼트로 연결만 하면 된다

연결 볼트로 우드 폴과 선반을 연결하기만 하면 수납할 물건의 크기에 꼭 맞는 수납 선반이 완성된다.

우드 폴 전용 육각 비스

맨 위의 선반은 위쪽에서 부속 렌치 (Wrench)로 우드 폴 전용 육각 비스를 아래쪽 폴에 단단히 고정한다.

우드 폴

짧은 것에서 긴 것까지 길이는 다양하고, 보통 흰색과 검은색이 나와 있다. 선반에는 4개의 모서리에 우드 폴 연결용 구멍이 뚫려 있고, 형태와 크기가 다양하다. 직접 구멍을 뚫을 수 있는 것도 있다.

우드 폴 전용 연결 볼트

아래쪽 폴의 나사 구멍에 1/4 정도를 넣고 선반 구멍에 끼운 다음 다른 폴을 돌려 넣기만 하면 된다.

조절기

바닥과 접하는 부분에 장착하는 쿠션과 비슷한 것이다. 바닥이 수평이 아니어도 조절기를 삽입하는 정도에 따라 높이를 미세하게 조절할 수 있다.

선반 포스트로 만드는 선반

선반 포스트는 선반을 만들기 위한 소재로, 10cm 간격으로 홈이 파여 있는 기둥 부분을 가리킨다. 이것을 이용하면 크기와 형태가 다양한 선반을 손쉽게 만들 수 있다.

선반 포스트

10cm 간격으로 홈이 파여 있기 때문에 원하는 위치에 선반을 얹을 수 있다. 사방이 뚫려 있어서 압박감도 없고, 옆에서도 물건을 넣고 꺼낼 수 있다.

선반 포스트 전용 비스

선반은 1.7cm 정도의 컬러 보드가 가장 적당하다. 선반 포스트에 비스 구멍이 뚫려 있으므로 홈에 선반을 끼워 넣고 전용 비스로 간단히 고정하기만 하면 된다.

폭 90cm 이하의 선반은 선반 포스트 4개로 해결

선반 폭이 넓으면 무거운 물건을 얹었을 때 선반 포스트가 휘어질 수 있다. 폭이 90cm를 넘는 경우에는 앞뒤에 선반 포스트를 추가하여 기둥을 6개 이상 만들면 안정감이 있다.

바닥 판을 넣지 않은 벽장 속 선반

아래에는 바퀴 달린 수납 도구를 넣고 위에는 선반을 만들고 싶을 때도 선반 포스트를 이용해 보자. 바퀴 달린 도구를 빼면 사진과 같은 모양이 된다.

선반 포스트 조립 방법

1 선반 포스트 1개에 선반을 끼워 넣는다

선반 포스트 1개를 홈이 측면에 오게 눕힌 다음 맨 밑에 올 선반을 홈에 끼워 넣는다.

2 선반을 비스로 고정한다

선반을 손으로 받치고 선반 포스트 전용 비스로 고정한다. 맨 위에 놓일 선반도 마찬가지로 고정한다.

3 선반의 같은 측면에 또 하나의 선반 포스트를 고정한다

또 하나의 선반 포스트를 선반의 같은 측면의 다른 쪽 끝에 끼우고 비스로 고정하면 한쪽 측면이 완성된다.

4 반대쪽 측면도 마찬가지다

반대쪽 측면도 같은 요령으로 선반 포스트를 끼우고 비스로 고정한 뒤 중간 선반들을 끼우고 비스로 고정한다.

5 보강용 선반 포스트를 비스로 고정한다

선반의 가운데 부분에 추가하는 선반 포스트는 마지막에 끼워 넣는다. 1개를 고정한 뒤 세워서 나머지 한쪽도 고정하면 완성된다.

싱크대 옆에 선반을 만들어 바닥에서 천장까지 활용

원래는 냉장고를 두는 곳이지만 냉장고가 커서 들어가지 않기 때문에 선반 포스트로 선반을 만들어 필요한 것들을 수납했다.

자주 쓰는 물건은 안쪽 길이가 짧은 선반에 수납

안 길이가 짧은 선반의 장점은 사용이 편리하다는 것이다. 자잘한 물건은 바구니에 담아 수납한다.

선반 포스트로 만드는 변형 선반

계단 모양의 선반

선반 포스트로 계단 모양의 선반도 만들 수 있다. 선반의 벽면이 뚫려 있기 때문에 답답해 보이지도 않고, 방문에서 구석으로 갈수록 가구의 높이를 높여 주면 방도 훨씬 넓어 보인다.

위쪽은 넓고 아래쪽은 좁은 선반

선반 안쪽에 골프 가방과 같은 키가 큰 물건을 수납할 때 유용하다. 옆쪽 선반은 폭을 좁게 만들어 공간을 알뜰하게 활용해 보자.

좌우 안 길이가 다른 L자형 선반

선반을 L자형으로 자른 다음 각 모서리를 선반 포스트에 끼워 고정하면 간단하게 원하는 모양의 선반을 만들 수 있다. 어느 방향에서든 물건을 넣고 꺼낼 수 있다는 것이 선반 포스트의 장점이다.

P A R T  7

집 안 청소 및 손질 방법

일단 물건을 적재적소에 수납한 뒤에는 청소를 함으로써 쾌적한 생활을 유지할 수 있다.

그러나 해도해도 끝이 없는 것이 집안일이고, 청소다.

이제는 '매일 청소'와 한 달에 한 번, 반년에 한 번 등 주기적으로 실시하는 '주기적 청소'로 나눠

실시해 보자. 집 안 곳곳에 청소 도구를 준비해 두고 물건을 사용한 뒤나 먼지가 보일 때마다 치우는

것이 매일 청소다. 출근할 때 계단에 떨어진 휴지를 줍는 것도 매일 청소에 속한다. 그리고 가끔씩

주기적 청소를 통해 묵은 때를 벗겨 내면 된다. 이렇게 하면 매일매일 힘들여 청소하지 않아도

집 안이 항상 반짝반짝 윤이 난다.

그럼 지금부터 효율적인 청소와 손질 방법을 알아보자.

현관

○ ○ ○ ○ ○ ○ ○

꼭 필요한 것이 보기 좋게 수납되어 있고, 그 집만의 특별한 분위기를 풍기는 쾌적한 공간이 이상적인 현관의 모습이다. 우선 눈에 띄는 먼지는 그 자리에서 청소하는 습관을 들여 본다.

✳ 손님이 방문하기 10분 전에 점검해야 할 것

손님에게 좋은 인상을 심어 줄 수 있는 청소 포인트

1

인터폰 주변

손님이 왔다는 것을 가장 먼저 알려 주는 공간이자 벨을 누를 때 가장 먼저 손이 가는 곳이지만 청소할 때 깜빡 잊어버리기 쉽다. 먼지를 털어 내고 깨끗하게 물걸레로 닦아 낸다.

2 현관 정면

문을 열고 들어섰을 때 그 집의 첫인상을 결정하는 곳이다. 벽면의 앞과 마루에 쓸데없는 물건을 놓지 말고 깨끗이 닦자.

3 장식 선반

현관에서 못내 신경 쓰이는 부분이 바로 신발장 위다. 센스 있는 장식으로 자기 집만의 분위기를 표현해 보자.

5 매트의 술 장식

빗으로 술의 결을 가지런히 정돈해 놓으면 좋은 인상을 줄 수 있다.

4

현관 바닥의 구석

아래를 보고 신발을 벗을 때 눈에 들어오는 부분이다. 먼지나 모래가 쌓여 있거나 머리카락이 떨어져 있지는 않은지 확인하자.

청소 도구 준비

(오른쪽) 그때그때 물걸레질을 할 수 있도록 작은 걸레와 낡은 칫솔, 분무기 등을 세트로 준비해 둔다.
(위쪽) 페트병에 낡은 수건을 넣고 칫솔 등을 고무줄로 감아 고정해 둔다.

문은 스타킹 수세미로 마른걸레질을

문은 바깥쪽과 안쪽 모두 스타킹 수세미(112쪽 참고)로 먼지를 닦아 낸다.

타일 사이에 낀 때의 제거에는 분무기와 걸레를 이용

진흙이나 타일 사이에 낀 때는 분무기로 물을 뿌린 뒤 일회용 걸레로 닦아 내면 된다.

손때 묻은 스위치 플레이트도 닦는다

약품 처리가 되어 있는 행주로 살짝 닦아 주면 반짝반짝 빛이 난다.

구석에 쌓인 먼지는 솔이나 낡은 칫솔로 제거

빗자루로 잘 쓸어 낼 수 없는 구석의 먼지와 모래는 솔이나 낡은 칫솔을 이용하여 세심하게 청소한다.

 주 기 적 청 소

바닥에 왁스칠하기   왁스를 칠해 두면 때가 잘 타지 않고 청소하기도 쉽다.

벽돌 타일

1. 우선 화장실용 산성 세제를 조금 뿌려 걸레로 구석구석 닦은 뒤 물청소한다.

2. 잘 말린 뒤 벽돌 마루용 왁스를 칠한다. 이렇게 해 두면 평소에는 물걸레질만 해도 된다.

대리석

세제에 약한 재질이라 마른 걸레질을 하는 것이 기본이지만 아주 더러울 때는 의류용 중성 세제를 푼 물을 뿌려 깨끗이 닦아 낸다. 왁스는 칠하지 않는다.

쿠션 마루

액상 세제를 묻힌 걸레로 때를 벗긴 뒤 깨끗이 닦는다. 마른 뒤에 마루용 왁스를 칠하면 윤이 난다.

169

✳ 가죽 구두 손질

구두가 깨끗하게 손질되어 있으면 단정한 인상을 주고 보다 오래 신을 수 있다. 한 손에 낡은 양말을 끼고 손질하면 손도 더러워지지 않는다.

1 밑창과 굽에 묻은 먼지와 진흙을 턴다

한 손에 낡은 양말을 끼고 밑창은 칫솔로, 옆 테두리는 구둣솔로 먼지를 턴다.

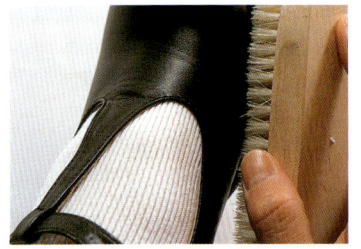

2 클리너로 가죽 표면을 닦는다

구두용 클리너를 조금 묻힌 부드러운 천을 집게손가락에 감아 닦는다.

3 가죽 크림을 구두 전체에 얇게 바른다

스펀지 등에 가죽 크림을 묻혀 구두 전체에 바른 다음 부드러운 천으로 윤이 나도록 닦는다.

4 탄산수소나트륨으로 구두 속 냄새를 없앤다

구두 속에 작은 스푼 1/3 정도의 탄산수소나트륨을 넣고 앞뒤로 흔든 다음 버리면 냄새가 제거된다.

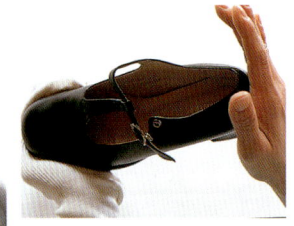

5 보관할 때는 구두 속에 패킹을 넣는다

스타킹에 신문지를 넣은 패킹으로 구두 모양을 잡아서 보관한다. 통기성도 좋고 구두 속도 더러워지지 않는다.

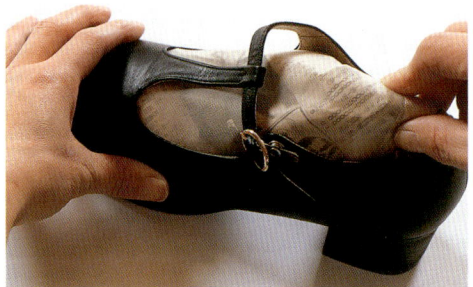

✳ 장마철 구두 손질

비는 가죽 구두의 천적이다. 구두에 곰팡이가 피면 즉시 닦아 내야 한다. 허옇게 뜬 물 얼룩은 물걸레로 닦아 낸다.

[구두에 곰팡이가 피었을 때]

1 마른 걸레로 표면의 곰팡이를 제거한다

곰팡이 포자가 퍼지지 않도록 마른걸레로 곰팡이를 감싸듯이 제거한다.

2 꼭 짠 물걸레로 두들긴다

꼭 짠 물걸레로 곰팡이 부분을 가볍게 두들겨 곰팡이를 흡수한다. 구두 안쪽도 마찬가지다.

3 말린 다음 크림이나 밍크 오일을 칠한다

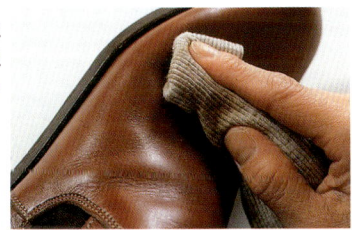

바람이 잘 통하는 그늘에 충분히 말린 다음 가죽 크림이나 밍크 오일을 발라 유분을 공급한다.

4 탈취 스프레이를 뿌린다

곰팡이 냄새가 남아 있을 때는 구두용 탈취 스프레이를 뿌린다. 살균 효과도 있어서 위생적이다.

[구두에 물 얼룩이 생겼을 때]

1 꼭 짠 물걸레로 두들긴다

구두가 마르기 전에 꼭 짠 물걸레로 얼룩을 뭉개듯이 방사형으로 두들긴다.

2 마른 걸레로 두들겨 수분을 흡수한다

마른걸레로 가볍게 두들겨 수분과 때를 제거한다.

3 모양을 잡은 다음 그늘에 말린다

티슈를 뭉쳐 나무젓가락을 이용해 구두 앞쪽으로 밀어 넣어 모양을 잡은 다음 바람이 잘 통하는 그늘에 말린다.

[가죽 구두에 곰팡이가 생기지 않게 하려면?]

1 벗은 구두를 바로 수납하지 않는다
구두를 벗자마자 그대로 신발장에 넣으면 악취와 곰팡이의 원인이 된다. 적어도 하룻밤은 현관 바닥에 두었다가 넣는 것이 좋다.

2 방수 스프레이로 비를 막는다
가죽 구두용 방수 스프레이를 꼭 준비해 두라. 스프레이를 뿌려 말리는 것이 보다 효과적이다.

3 신발장 안에 먼지가 쌓이지 않게 한다
먼지는 곰팡이의 먹이가 된다. 두루마리 휴지의 심으로 노즐을 만들어(오른쪽) 청소기에 끼워 사용.

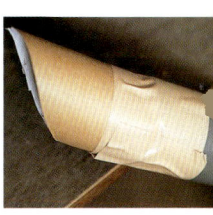

주방

○ ○ ○ ○ ○ ○ ○

주방에서 요리를 하다 보면 흔적이 남게 마련이다. 그러나 그냥 방치해 두면 나중에 때를 벗겨 내기가 점점 더 어려워진다. 요리나 뒷마무리를 하면서 그때그때 바로 닦아 내면 언제나 깨끗한 주방을 유지할 수 있다.

조리 후 열이 남아 있을 때 깨끗이 닦는다
가스레인지 주변

찌개 국물이나 기름은 그 자체의 온기를 이용하여 닦아 내는 것이 가장 좋다. 요리에 사용한 튀김 젓가락으로 일회용 걸레를 잡아 문지르면 손을 더럽히지 않아도 된다.

 주 기 적 청 소

가스레인지에 눌어붙은 것

탄화한 것은 전용 클리너로 벗겨 낸다

흘러 넘친 국물이나 기름은 가스레인지를 사용할 때마다 열에 의해 탄화하여 눌어붙는다. 그러나 이렇게 되면 주방용 세제로는 깔끔하게 닦아 낼 수 없다. 이때는 전용 클리너를 바르고 잠시 두었다가 솔로 문질러 물로 씻어 내면 깨끗하게 벗겨진다.

배수구

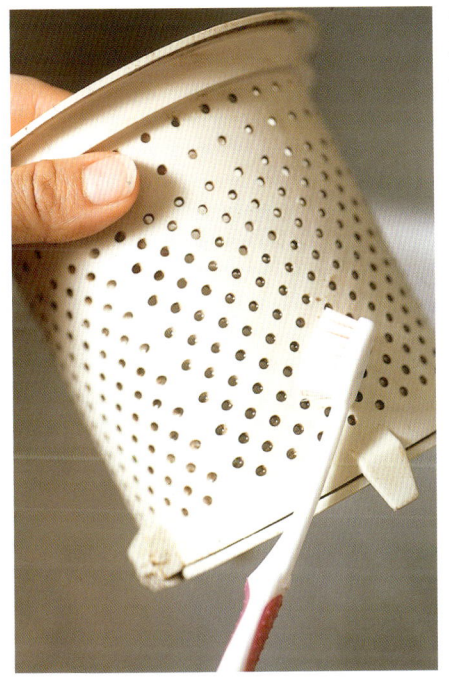

매일 저녁 식사 뒤에 마지막 뒷정리로 수채통을 씻어 두면 세균이 번식하여 미끌미끌해질 염려가 없다. 물이 빠지는 구멍과 가장자리는 낡은 칫솔을 활용하여 깨끗이 닦는다.

개수대 고무마개 역시 그대로 방치하면 만지기 싫을 정도로 지저분해진다. 움푹 패인 곳은 낡은 칫솔을 이용해 닦는다.

이럴 때는 이렇게!!

탄산수소나트륨을 이용한다

한 달에 한두 번 배수구 냄새를 제거

배수구 주변에 탄산수소나트륨을 적당량 뿌리고 1~2컵 분량의 뜨거운 물을 끼얹은 뒤 하룻밤 정도 그대로 방치하면 냄새가 제거된다.

유리병 바닥의 물때를 씻는다

물 1ℓ에 탄산수소나트륨 2~3숟가락을 넣어 잘 녹인 다음 1시간 정도 놓아둔다. 그런 다음 유리병을 흔들어 물로 씻어 내면 물때가 빠진다.

음식물 쓰레기에 직접 뿌려 냄새를 제거

탄산수소나트륨을 음식물 쓰레기 냄새를 제거하는 데 이용한다. 쓰레기 위에 1/2컵 정도 뿌려 주기만 하면 고약한 냄새를 방지할 수 있다.

싱크대 주변

식기장 옆처럼 눈에 띄지 않는 곳을 마른걸레질용 수건을 말리는 장소로 정해 두면 편하다.

설거지를 하고 개수대를 깨끗이 씻은 다음에는 반드시 마른걸레질로 마무리한다. 청결을 유지하려면 이런 번거로움 정도는 감수해야 한다. 수도꼭지 주변도 반짝반짝 윤이 나도록 닦아 보자. 주방의 인상이 확 달라질 것이다. 수건을 걸어 좌우 교대로 잡아당겨 닦으면 된다.

주 기 적 청 소

싱크대 아래쪽 곰팡이 대책   장마 전에 미리 살균과 소독을 해 두면 안심

1
에탄올로 닦는다

싱크대 아래쪽에 있는 물건을 모두 치우고 수건에 에탄올을 뿌려 안쪽을 닦는다.

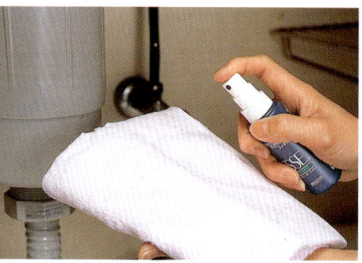

2
배관 장치 주변도 깨끗이 한다

평소에는 별로 신경 쓰지 않는 배관 장치 주변도 에탄올로 닦는다.

3
호스의 주름을 닦는다

낡은 헤어 브러시에 천을 대고 호스의 주름을 문지르면 먼지가 제거된다.

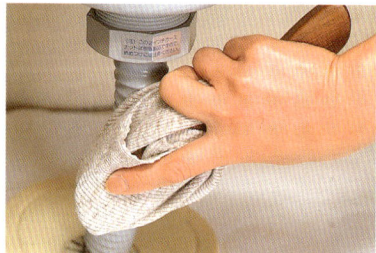

4
문의 패킹도 닦는다

문 뒤쪽과 패킹 부분도 에탄올로 닦아 잘 말려 물건을 수납한다.

식품을 보관하는 곳이므로 언제나 청결하게 유지한다

냉장고

에탄올로 살균한다

베이킹파우더를 사용하여 냉장고의 때를 제거한 다음에는 소독용 에탄올로 닦아 내면 완벽하다. 에탄올은 휴대용 스프레이 용기에 담아 두면 편하다.

베이킹파우더로 때를 닦는다

가끔씩 냉장고에 묻은 손때나 먼지 등을 닦아 낸다. 물 1ℓ에 베이킹파우더 2숟가락 정도를 녹인 용액을 마른걸레에 묻혀 닦으면 된다. 먹을 수 있는 제품이므로 안심해도 된다.

 주 기 적 청 소

냉장고에 낀 곰팡이 대책   방심은 금물, 낮은 온도에서 자라는 곰팡이도 있다!

1

패킹의 때를 벗긴다

패킹에 생기는 곰팡이도 주의해야 한다. 끝을 비스듬히 자른 나무젓가락에 천을 대고 때를 벗긴다.

2

칫솔을 이용한다

주방용 액상 세제를 칫솔에 묻혀 때를 벗기고 물로 씻어 낸 다음 마지막에 에탄올로 닦는다.

주방 가구 · 가전 제품

전기 포트의 손때와 먼지는 약품 처리가 되어 있는 행주로 닦으면 깨끗하다.

가전 제품에 묻은 손때도 행주로 닦아 낸다.

주방 가구 표면에 묻은 때를 제거할 때는 주택용 세제와 스타킹 수세미(112쪽 참고)로 부드럽게 문지르면 된다.

신문지를 활용하는 것이 비법

음식물 쓰레기의 악취 대책

음식물 쓰레기는 신문지에 싸서 휴지통에 버린다

음식물 쓰레기에서 흘러나온 액체가 악취의 원인이다. 신문지가 물기를 흡수하여 악취를 방지해 주므로 쓰레기를 버릴 때는 신문지에 잘 싸서 버린다.

쓰레기 봉지 바닥에 신문지 1장을 깔아 둔다

쓰레기 봉지 바닥에 신문지 한 장을 접어 깔아 두면 쓰레기에서 액체가 흘러나와도 신문지가 물기를 빨아들이기 때문에 안심할 수 있다.

주 기 적 청 소

타일의 기름때
랩을 덮어 때를 불린다

1 기름때 전용 세제를 뿌리고 랩을 덮는다
기름때는 전용 세제를 뿌린 뒤 잘 마르지 않게 랩을 덮어 주는 것이 효과적이다. 이렇게 하면 서서히 때가 분다.

2 랩을 뭉쳐 닦는다
랩을 떼어 내 뭉치면 부드러운 수세미가 된다. 이것으로 표면의 때를 닦은 다음 물로 깨끗이 세제를 씻어 내면 된다.

3 타일 틈새를 양초로 문지른다
타일이 마른 뒤 틈새에 양초를 문지르면 때도 잘 타지 않고 벗겨 내기도 쉽다.

나무젓가락으로 만든 솔

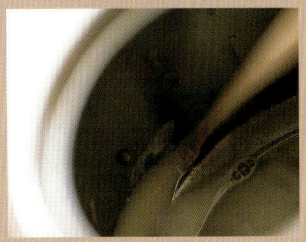

1. 나무젓가락 끝을 물에 담가 불린다

나무젓가락 끝의 2~3cm 정도를 물에 5분 정도 담가 불린다.

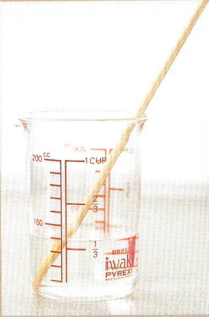

주전자 밑바닥에 낀 물때도 솔에 클렌저를 묻혀 가장자리를 따라 긁어내면 깨끗해진다.

2. 칼자루로 두들긴다

불린 부분을 칼자루로 두들겨 결을 풀어 준다.

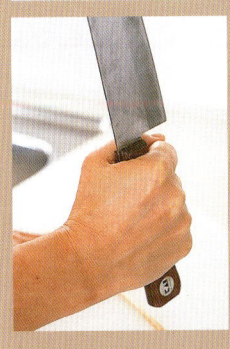

주전자의 물때 제거

나무젓가락으로 만든 솔을 이용하여 주전자의 주둥이처럼 끝이 좁은 부분을 청소하면 흠집 없이 때가 잘 벗겨진다. 마지막에는 물로 잘 헹구어야 한다.

튀김용 젓가락 끝에 못쓰는 천을 감아 고무줄로 고정하라. 넓은 면을 닦을 수 있는 둥근 모양과 좁은 부분이나 구석을 닦는 뾰족한 모양 두 종류가 있으면 편리하다.

청소봉

[생선 그릴을 청소한다]

1. 클렌저를 묻혀 때를 닦는다

둥근 형을 물에 적신 다음 클렌저를 묻혀 내벽의 때를 문지른다.

2. 뾰족한 것으로 구석의 때를 벗긴다

구석은 뾰족한 것으로 닦는다. 끝에 나일론 수세미를 감아도 좋다.

3. 마지막으로 깨끗이 물걸레질을 한다

물로 씻어 낼 수는 없으므로 빈틈없이 물걸레질을 해야 한다. 옷이 더러워지지 않도록 주의한다.

거실

○ ○ ○ ○ ○ ○ ○

가족이 느긋하게 휴식을 취하고 손님을 접대하는 거실은 늘 깨끗하게 유지하고 싶은 공간이다. 청소의 포인트는 마루와 창문이다. 면적이 넓은 부분이 깔끔하면 좋은 인상을 줄 수 있다.

일 년에 한 번은 마루 전체에 왁스칠을 한다

마루

평소에는 마루용 세제를 사용하여 때를 닦아 내는 정도로 된다. 그러나 일 년에 한 번 정도는 왁스칠을 해 두어야 깨끗한 마루를 오랫동안 유지할 수 있다.

주 기 적 청 소

마루에 왁스칠하기

1 홈에 낀 먼지를 제거한다
마루에 흠집이 생기지 않도록 주의하여 홈에 쌓인 먼지나 음식 부스러기를 꼬챙이로 긁어 낸다.

4 스펀지로 문지른다
주방용 스펀지의 부드러운 면으로 불은 때를 문지른다.

2 청소기를 돌린다
마루에 있는 가구를 다른 곳으로 치우고 청소기로 바닥 전체를 꼼꼼하게 청소한다.

5 세제를 닦아 낸다
물걸레로 세제를 깨끗이 닦아 낸 다음 마른걸레로 닦는다.

3 세제를 듬뿍 바른다
희석한 세제를 마루에 듬뿍 바르고 5~10분 정도 그대로 두어 때를 불린다.

6 구석부터 왁스를 칠한다
마루에 직접 왁스를 뿌리며 자루 달린 와이퍼로 문지른다.

이럴 때는 이렇게!! 마루에 생긴 흠집 감추는 법

얕은 흠집

1. 비슷한 색의 보수용 펜으로 흠집이 난 부분을 칠한다

긁힌 자국은 펜으로 보수하는 것이 좋다. 마루와 비슷한 색을 준비하여 조금 옅은 색부터 시험해 본다.

2. 마른걸레로 문질러 마루에 스며들게 한다

보수용 펜으로 칠한 뒤에는 마른걸레로 계속해서 문질러 자연스럽게 마루에 스며들도록 한다.

깊은 흠집

1. 보수제기 잘 뭉개지도록 열을 가한다

움푹 패인 흠집을 메우는 데는 크레용 유형의 보수제가 편리하다. 드라이어로 열을 가해 잘 뭉개지게 만든다.

2. 흠집에 직각으로 대고 문질러 바른다

부드러워진 보수제 끝을 흠집에 직각으로 대고 문질러 메운다.

3. 플라스틱 주걱으로 손질한다

충분한 양의 보수제를 메워넣은 다음 플라스틱 주걱으로 표면을 긁어 튀어나온 부분을 깎아 낸다.

4. 마른걸레로 문질러 마루에 스며들게 한다

마른걸레로 문질러 보수제를 바닥에 스며들게 하면 흠집이 눈에 띄지 않는다.

창문

세제 없이 간단하면서도 빠르게 반짝반짝 윤을 낸다

표면의 때를 제거한 뒤에는 찬 물, 뜨거운 물의 순서로 걸레질을 하여 신속하게 마친다. 창문이 깨끗하면 집 안 전체가 밝아진다.

1

창 표면의 먼지를 문지른다

창가가 더러워지지 않도록 종이를 간 다음 스타킹 수세미(112쪽 참고)로 양면을 문질러 먼지를 닦아 낸다.

2

새시(sash) 브러시로 창틀의 먼지를 턴다

창문을 열고 새시 브러시로 창틀의 먼지를 떨어낸다. 위에서 아래로 작업하는 것이 기본이다.

3

물기가 많은 걸레로 문질러 때를 불린다

물기가 많은 걸레로 유리를 적셔 때를 불린 다음 꼭 짠 걸레로 닦아 낸다.

4

뜨거운 물에 적셨다 꼭 짠 걸레로 마무리한다

뜨거운 물에 적셨다가 꼭 짠 걸레로 빨리 닦아 내면 금세 마른다. 바깥쪽에서 안쪽으로 닦는다.

5

아래쪽 레일에 물을 뿌려 때를 불린다

주방용 세제 용기에 물을 채운 다음 레일 위에 물을 뿌려 때를 불린다.

6

나무젓가락 끝에 마른걸레를 대고 닦는다

나무젓가락 끝을 커터로 비스듬하게 깎아 두면 사용하기 편하다. 레일 사이로 마른걸레를 집어넣어 밀면서 물기를 닦는다.

손질법

✳ 조명 기구 청소

반년에 한 번은 조명 기구의 먼지를 떨어 내고 깨끗이 청소해 보자. 반드시 스위치를 끈 상태에서 하고, 완전히 마른 다음에 스위치를 켜야 한다.

1 바닥에 신문지를 깔고 커버와 형광등을 뗀다

바닥에 신문지를 깐 다음 천장에 붙어 있는 커버와 형광등을 뗀다.

2 커버 속의 먼지와 벌레를 청소기로 제거한다

커버에 흠집이 나지 않도록 주의하여 청소기로 안에 들어 있는 먼지와 작은 벌레를 제거한다.

3 유리 세정제로 커버를 닦는다

양면을 유리 세정제로 닦는다. 더러울 때는 주방용 세제를 스펀지에 묻혀 물로 닦아 낸다.

4 형광등도 유리 세정제로 닦는다

부드러운 천에 유리 세정제를 뿌려 형광등을 닦는다. 더럽지 않으면 물걸레로 먼저 닦은 다음 마른걸레로 닦으면 된다.

5 천장 플레이트도 깨끗이 닦는다.

유리 세정제를 묻힌 천으로 천장 플레이트까지 닦은 다음 형광등과 커버를 끼운다. 스위치를 켜면 형광등이 더 밝아 보인다.

붙박이형 일반 형광등

펜던트 라이트

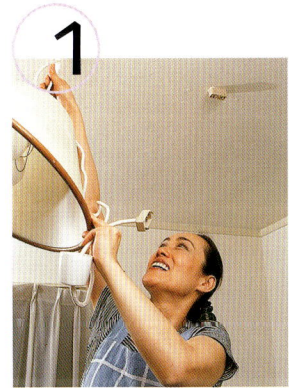

조명 기구를 분리한다
신문지를 바닥에 깔고 코드를 뺀 다음 조명 기구를 고정하는 캡을 비틀어 분리한다.

2

청소기로 먼지를 제거한다
캡과 코드에 쌓인 먼지를 청소기의 좁은 막대형 노즐로 제거한다.

3

전구를 떼어 물걸레로 닦는다
전구를 떼어 물걸레질과 마른걸레질을 한다. 더러우면 주방용 액상 세제로 닦은 뒤 물걸레질과 마른걸레질을 한다.

4
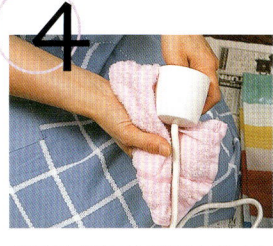

코드와 소켓도 물걸레로 닦는다
물걸레질과 마른걸레질을 하는 것이 기본이지만 더러울 때는 액상 세제를 뿌려 걸레질을 한다.

천으로 된 스탠드 갓

1
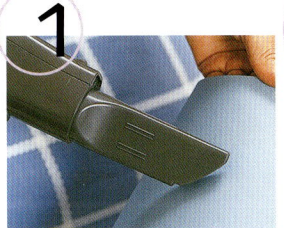

청소기로 표면의 먼지를 제거한다
천으로 된 스탠드 갓을 빼서 청소기로 먼지를 제거한다.

2

의류용 중성 세제로 닦는다
갓 안쪽에 마른 수건을 대고 의류용 액상 중성 세제에 적신 수건으로 두들겨 가며 닦는다.

3
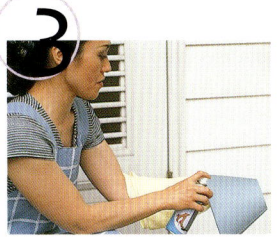

방수 스프레이를 뿌린다
물걸레질과 마른걸레질을 하여 잘 말린다. 마지막으로 방수 스프레이를 뿌려 두면 때가 잘 타지 않는다.

방(돗자리)

○ ○ ○ ○ ○ ○ ○

청결하고 상쾌한 느낌을 주는 우리 집만의 특별한 방을 만들어 보자.

방

방 걸레질을 할 때는 반쯤 마른 걸레로 닦는 것이 좋다. 물걸레질을 하면 쌓인 먼지가 깨끗하게 닦아지지 않는다.

3
젖은 부분을 안쪽으로 접어 갠다

수건을 펼쳐 젖은 부분은 안쪽으로 접어 넣고 마른 부분은 위로 접는다.

1
수건 끝자락의 1/3만 적신다

반 건조 걸레를 만든다. 수건 전체를 물에 적시면 물기가 너무 많아지므로 끝자락의 1/3 정도만 적신다.

4
양손으로 두들겨 물기가 배게 한다

탁탁 두들겨 마른 부분에 물기가 스며들게 하면 완성된다.

2
물에 적신 부분을 꼭 짠다

물기를 꼭 짠다. 일반 물걸레보다 좀 더 꼭 짜는 것이 좋다.

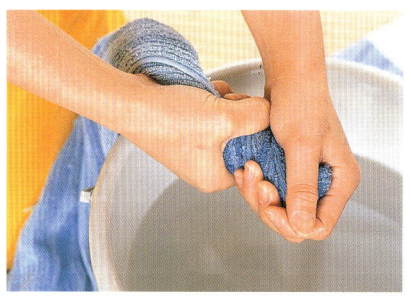

NG 이것만은 피하라

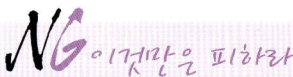

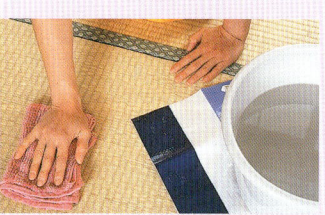

시진과 같이 다다미방의 경우에는 물걸레질을 반복하면 표면을 보호하고 있는 성분이 벗겨져 빛이 바래고 까칠까칠해진다.

또한 결과 반대 방향으로 닦으면 흠집이 생기기 쉽고 때도 잘 타므로 주의해야 한다. 청소기를 돌릴 때도 결을 따라 닦는 것이 좋다.

담뱃불에 그을렸을 때

1. 사포로 가볍게 문지른다

가로 세로 5cm 정도로 자른 사포를 준비하여 결을 따라 가볍게 문지른다.

3. 칠하고 닦기를 반복한다

다다미와 비슷한 색을 칠하고 티슈로 수분을 닦아 내는 과정을 반복한다.

2. 그을음 자국이 없어지면 물감을 칠한다

팔레트에 수채화 물감을 섞어 다다미(돗자리) 색깔과 맞는 색깔을 만들어 사포로 문지른 부분에 칠한다.

완성

그을음 자국도 이 정도까지 보수가 가능하다. 반 건조 걸레로 닦아도 변색되지 않는다.

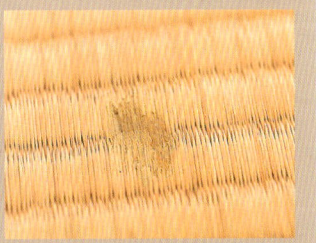

약간 그을렸을 때

사포로 가볍게 문질러 그을음을 제거한 뒤 2~3%의 과산화수소에 안정제를 섞은 약품인 옥시돌(oxydol)을 천에 묻혀 닦아 색을 뭉갠다.

가장자리에 밥풀이 달라붙었을 때

1. 말린 뒤 대충 떼어 낸다

마른 다음에 밥풀을 떼는 것이 더 효과적이다. 끝을 비스듬히 깎은 나무젓가락으로 밥풀을 긁어 낸다.

펜이 묻었을 때

천에 제광액을 묻혀 다다미(돗자리)의 결에 따라 두들기며 닦은 다음 물걸레질과 마른걸레질을 한다.

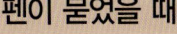

2. 낡은 칫솔로 문지른다

낡은 칫솔로 밥풀 자국을 문지른 뒤 액상 세제로 닦아 내고 물걸레질과 마른걸레질을 한다.

✱ 가구 청소

가구를 손질하는 방법은 소재와 때가 탄 정도에 따라 다른데, 평소에는 마른걸레를, 더러울 때는 반 건조 걸레를 활용하면 된다.

손질 방법

평소에는 마른걸레질을 한다

목제 가구는 습기에 약하므로 평소에는 마른걸레로 닦는 것이 좋다. 오래되지 않은 때는 금방 제거된다.

조금 묵은 때는 반 건조 걸레로 닦는다

촉촉한 반 건조 걸레(182쪽 참고)로 닦아 내면 조금 묵은 때도 쉽게 제거할 수 있다.

손때는 탈수한 걸레로 닦는다

손으로만 짜면 아무래도 걸레에 물기가 남기 쉽다. 세탁기에 탈수하여 이용한다.

묵은 때는 주방용 세제로 닦는다

잘 지워지지 않는 때는 주방용 액상 세제를 사용한다. 그런 다음 반드시 물걸레질과 마른걸레질을 해야 한다.

올록볼록한 가구

먼지가 잘 쌓이는 가구의 올록볼록한 부분은 스타킹 수세미(112쪽 참고)에 나무젓가락을 대고 문지르면 홈 안쪽까지 깨끗이 닦을 수 있다.

등(籐)가구

그물코에 먼지가 쌓이기 쉬운 등가구는 새시 브러시 등으로 긁어낸 뒤 청소기를 돌리면 깨끗해진다.

광택이 있는 가구

스프레이 방식의 왁스로 표면을 닦으면 손때나 담뱃진이 제거되어 광택이 살아나고 흠집도 좀처럼 생기지 않는다.

습기가 생기기 쉬운 공간인 만큼 청결하게 유지한다

벽장(붙박이장)

먼지가 잘 쌓이고 습기가 생기기 쉬운 벽장은 곰팡이가 필 우려가 많다. 평소에 청소와 통풍에 주의를 기울이자.

통풍이 중요하다

문을 열어 환기

맑은 날에는 습기가 적은 오전 10시에서 오후 2시 사이에 문을 활짝 열어 벽장 속의 공기를 환기해 준다.

청소하기 쉽게 수납

먼지는 곰팡이의 먹이가 되므로 청소를 게을리해서는 안 된다. 벽장 하단에 바퀴 달린 수납 도구를 넣어 두면 편리하다.

선풍기로 바람을 보낸다

선풍기 바람을 이용하면 공기가 잘 순환되어 더욱 효과적이다. 미닫이문을 가운데로 모아 바람의 흐름을 만드는 것이 포인트다.

깔판을 이용하여 벽과 바닥 사이에 신문지를 넣는다

이불이 있는 곳은 습기가 잘 생기므로 깔판을 이용하여 공기가 빠져나갈 수 있는 공간을 만드는 것이 좋다. 그런 다음 습기를 빨아들이는 신문지를 말아 넣으면 더욱 효과적이다.

이럴 때는 이렇게!!

벽장에 곰팡이가 피었을 때

1. 마른걸레로 곰팡이를 떼어 낸다

일회용 마른걸레로 곰팡이가 퍼지지 않도록 살짝 감싸듯이 떼어 낸다.

2. 비염소계 곰팡이 제거제로 곰팡이를 퇴치한다

수건에 비염소계 곰팡이 제거제를 뿌려 닦은 뒤 물걸레질과 마른걸레질을 한다.

3. 잘 말린 다음에 탄올로 살균한다

창문을 열고 소독용 에탄올을 뿌려 두면 살균이 되어 곰팡이 예방에 효과적이다.

욕실

○ ○ ○ ○ ○ ○ ○

비누 찌꺼기나 물때 등으로 인해 금세 지저분해지는 욕실이지만 목욕 전후에 조금만 신경을 쓰면 때가 덜 끼게 할 수 있다. 당장 오늘부터 시작해 보자.

머리카락과 이물질을 걸러 낸다
배수구

머리카락과 이물질은 파이프를 막거나 악취의 원인이 되므로 가능한 한 들어가지 않도록 하는 것이 중요하다.

배수구에 끼워 넣기만 하면 머리카락 등의 쓰레기를 걸러 주는 상품을 이용해 보자. 시중에서 쉽게 구할 수 있다

주 기 적 청 소
물기를 닦아내 곰팡이를 예방하자

목욕이나 청소 뒤에는 될수록 빨리 물기를 제거하는 것이 좋다. 물기가 잘 마르지 않는 욕실에서는 자루 달린 와이퍼에 수건을 부착하여 위쪽에 맺힌 물기를 닦아 보자.

목욕 전후에 뜨거운 물을 뿌리는 습관을 들인다
욕실 전체

목욕 전후에 뜨거운 물을 뿌리는 것이야말로 욕실에 물때가 끼지 않게 하는 노하우다. 별것 아닌 것 같아도 가족 모두가 습관을 들이면 청소가 수월해진다.

욕조에 들어가기 전에 벽 아래쪽이나 바닥, 세면기에 뜨거운 물을 뿌리면 물의 막이 생겨 때가 잘 끼지 않는다. 목욕을 마치고 나오기 전에 뜨거운 물을 끼얹으면 때가 쉽게 벗겨진다.

욕실 문

통기구의 먼지를 닦는다

끝을 비스듬히 자른 나무젓가락에 마른걸레를
대고 통기구 틈새의 먼지를 닦아 내라. 샤워 뒤
에 습기가 남아 있을 때 하는 것이 가장 좋다.

문틀의 패킹을 떼어 곰팡이를 제거한다

떼어 낸 패킹은 곰팡이 제거제를 뿌려 잠
시 그냥 두었다가 문질러서 물로 씻어 낸
다. 그런 다음 완전히 말린 다음 다시 끼워
넣으면 된다.

목욕 의자와 세면기

낡은 이태리 타월에 욕실용 세제를 묻혀 닦는다

비누 찌꺼기와 피지 등이 붙어 있는 목욕 의자와 세면기는
낡은 이태리 타월이나 칫솔에 욕실용 세제를 묻혀 닦으면
된다.

거울

욕실용 세제와 자동차 기름막 제
거제를 이용한다

뿌옇게 때가 낀 거울은 이태리 타
월에 욕실용 세제를 묻혀 문지른
다음 자동차 기름막 제거제로 때를
벗겨 내면 반짝반짝 윤이 난다.

세면대

○ ○ ○ ○ ○ ○ ○

거울에 양치 거품이 튀어 있거나 수도꼭지 주변이 늘 젖어 있지는 않은가? 그러나 사용한 다음에 바로 간단히 청소해 두면 언제나 호텔과 같이 쾌적한 세면대를 유지할 수 있다.

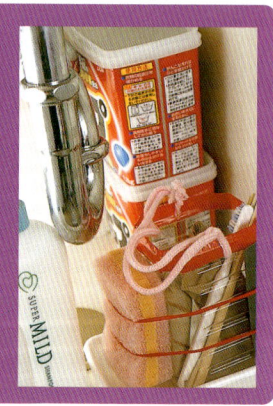

세탁할 수건으로 자주자주 닦는 습관을 들인다
거울

물방울이나 양치 거품이 튀어 쉽게 지저분해지는 것이 바로 거울이다. 호텔 거울처럼 생활의 냄새가 나지 않는 깨끗한 거울을 목표로 매일 청소하는 습관을 들여 본다.

거울에 묻은 물방울과 양치 거품은 세탁할 수건으로 닦으면 좋다.

물기가 남아 있고 금세 거무스름해진다
수도꼭지 주변

낡은 칫솔에 치약을 묻혀 닦으면 향기도 나고 때도 제거된다. 매일매일 양치질을 하면서 청소하면 시간도 절약되고 잊어버릴 염려도 없다.

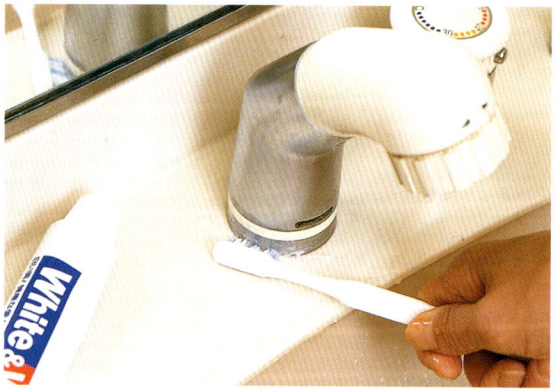

수도꼭지 주변의 때를 벗길 때는 낡은 칫솔을 사용해 보자. 치약을 묻혀 때를 제거한 다음 물걸레질과 마른걸레질을 하면 된다.

머리카락과 이물질이 악취의 원인
배수구

파이프에서 나는 악취는 안으로 흘러 들어가 쌓인 머리카락과 이물질 때문이다. 물을 내려보낼 때 이물질이 들어가지 않도록 주의한다.

배수구도 가끔씩 청소해 주는 것이 좋다. 가운데를 빼내 꼬챙이로 이물질을 긁어 낸 뒤 티슈로 닦으면 된다.

세면볼 주변

스타킹 수세미와 치약으로 닦는다

세면볼에 붙은 비누 찌꺼기는 스타킹 수
세미(112쪽 참고)에 치약을 묻혀 닦아 보
자. 금세 반짝반짝 윤이 난다.

작은 비누를 넣은 스펀지로 닦는다

스펀지 옆을 절개하여 비누 조각을 넣고
물에 적셔 비비면 바로 수세미로 사용할
수 있다.

거울 흐림 방지

면도 크림을 바른다

거울을 닦은 뒤 마른걸레로 면도 크림
을 발라 두면 샤워 뒤에도 거울에 이슬
이 잘 맺히지 않는다.

세탁기 옆의 틈은 옷걸이로 닦는다

세탁기와 벽 사이 틈새에 낀 먼
지를 제거하는 데는 옷걸이(127
쪽 참고)를 활용하라. 틈에 밀어
넣고 위아래로 문지른 뒤 바닥
을 닦으며 꺼내면 된다.

세탁기 주변

배수 호스는 헤어 브러시로 닦는다

낡은 헤어 브러시에 마른걸레를 씌워 호스의 홈
을 밀어내듯이 닦으면 간단히 먼지가 제거된다.

변기

○ ○ ○ ○ ○ ○

언제나 기분 좋게 사용하기 위해서는 더럽힌 사람과 가장 먼저 발견한 사람이 청소하는 것이 중요하다. 특히 청결한 변기는 좋은 인상을 주므로 손님이 오기 전에 반드시 확인하자.

청소 도구 준비

변기용 브러시나 세제 외에도 물을 채워 넣은 스프레이용기와 손수건 크기의 못쓰는 옷감을 준비하여 일회용 걸레를 만들어 보자. 낡은 칫솔과 나무젓가락, 꼬챙이는 손이 잘 닿지 않는 구석과 홈을 청소할 때 요긴하다.

지저분한 곳은 발견 즉시 닦아 낸다

변기 주변과 바닥에 지저분한 곳이 있으면 볼일을 본 뒤 휴지로 닦아 내는 습관을 들인다.

나무 틀에 쌓인 먼지는 나무젓가락을 사용한다

나무 틀에 쌓인 먼지는 물을 뿌린 일회용 걸레를 나무젓가락 끝에 댄 다음 닦아 내면 깨끗해진다.

휴지 걸이 커버의 먼지를 제거한다

휴지 걸이 커버에 얇게 쌓인 먼지는 낡은 칫솔을 사용하여 떨어 낸다.

변기 주변

세제로 변기와 바닥을 닦는다

손님을 맞이할 때는 화장실 청소만은 확실히 해 두어야 한다. 변기용 세제와 휴지로 변기와 바닥 등을 닦는다.

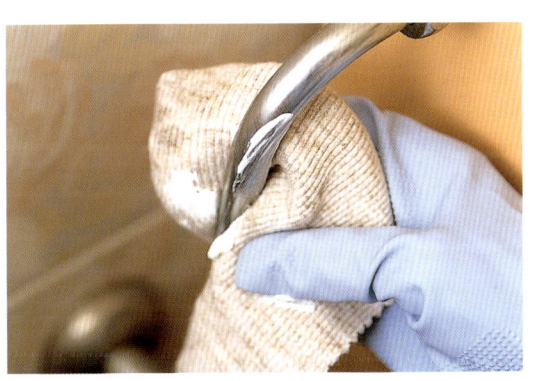

청소하기 어려운 이음매 부분까지 깨끗하게 닦는다

뚜껑과 변기의 이음매도 끝을 비스듬히 자른 나무젓가락에 일회용 걸레를 대고 닦으면 구석구석까지 깨끗해진다.

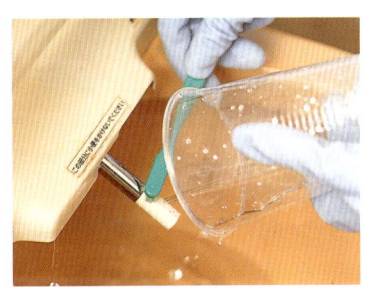

비데 노즐은 일회용 컵을 사용하여 청소한다

비데의 온수가 튀지 않도록 일회용 컵으로 막으면서 청소하는 것이 포인트다. 낡은 칫솔에 변기용 세제를 묻혀 닦아 낸다.

탱크 주변

금속 파이프도 깨끗이 닦는다

조금만 노력하면 눈에 띄게 달라지는 부분이 바로 파이프다. 일회용 걸레에 광택제를 발라 가볍게 문지른 다음 마른걸레로 닦으면 반짝반짝 윤이 난다.

환기구 주변

청소기의 작은 노즐로 먼지를 빨아들인다

화장실의 환기구에 먼지가 쌓이면 청소기에 작은 노즐을 끼워 강하게 빨아들인다. 마지막에 걸레질까지 하면 완벽하게 마무리할 수 있다.

지은이 | 곤도 노리코(近藤典子)

일본 최고의 수납 인테리어 전문가. 곤도 노리코 Home & Life 연구소장. Academy Life 원장.
20여 년 간 약 2천 여 곳이 넘는 집을 방문하여 수납 인테리어에 관한 어드바이스를 함으로써 '수납의 여
왕', '살림의 달인' 이라는 칭호를 얻었다. 여러 권의 책이 번역 소개되면서, 일본을 넘어 아시아 여러 나
라에서 아이디어 뱅크로 인정받고 있다.《곤도 노리코의 수납이 잘된 집》등 총 30여 권의 수납 관련 도서
를 발행, 4백만 부에 달하는 판매고를 올렸다. 우리나라에서는 '코오롱건설' 과 아파트 수납 비법 '킨칸
(KAN KAN)' 을 공동 개발 완료했다.

옮긴이 | 최수진

이화여자대학교를 졸업하고 명지대학교 사회교육원 번역작가 양성과를 졸업했다. 현재 일본어 전문 번역
프리랜서로 활동하고 있다. 옮긴 책으로,《곤도 노리코의 수납이 잘된 집》《살림 감각을 높여 주는 생활의
지혜 888》(이상 도서출판 아카데미북)《끝까지 듣는 사람 끝까지 말하는 사람》(다산 라이프)《부자 멘토와 꼬마
제자》(다산 북스) 등 여러 권이 있다.

우리집 수납 정리

지은이 곤도 노리코
옮긴이 최수진
펴낸이 양동현
펴낸곳 도서출판 아카데미북
        출판등록 제13-493호
        136-034, 서울 성북구 동소문동4가 124-2
        전화 02-927-2345 팩스 02-927-3199

초판 1쇄 발행 2004년 9월 20일
초판 9쇄 발행 2011년 1월 5일

ISBN 89-5681-035-4 13590

＊잘못 만들어진 책은 구입한 곳에서 바꾸어 드립니다.

www.academy-book.co.kr